全方位透視你的社交潛能、勘測你暢遊職場的能力！

你不該只有如此

測試自我能力的成功遊戲心理學

You Are More
Than This

生活和工作中，每個人都無法避免會碰到困難和挫折，
強者把挫折踩在腳下，弱者被挫折壓得喘不過氣，
只有那些在逆境中百折不撓的人，才能成為最後的贏家！

輕鬆生活館系列：16

你不該只有如此：測試自我能力的成功遊戲心理學

編　著　愛薇兒

出　版　者　大拓文化事業有限公司

執 行 編 輯　林美玲

美 術 編 輯　蕭佩玲

總 經 銷　永續圖書有限公司

劃 撥 帳 號　18669219

地　址　22103 新北市汐止區大同路三段一百九十四號九樓之一

TEL　(〇二)八六四七―三六六三

FAX　(〇二)八六四七―三六六〇

E-mail　yungjiuh@ms45.hinet.net

網　址　www.foreverbooks.com.tw

法 律 顧 問　方圓法律事務所　涂成樞律師

CVS代理　美璟文化有限公司

TEL　(〇二)二七二三―九九六八

FAX　(〇二)二七二三―九六六八

出　版　日◇二〇一三年十一月

Printed in Taiwan, 2013 All Rights Reserved

版權所有，任何形式之翻印，均屬侵權行為

永續圖書　線上購物網
www.foreverbooks.com.tw

國家圖書館出版品預行編目資料

你不該只有如此：測試自我能力的成功遊戲心理學 /
愛薇兒 編著. -- 初版. -- 新北市：大拓文化,
民102.12 面；　公分. -- (輕鬆生活館系列；16)

ISBN 978-986-5886-51-6(平裝)

1. 心理測驗

179.1　　　　　　　　　　　　102020730

part 1
打開你的心態之門

 目錄

part 2
離成功你還要走多遠

你不該只有如此

測試自我能力的成功遊戲心理學

part 3
你有多少財富「基因」

 目錄

part 4
全方位透視你的社交潛能

你不該只有如此
測試自我能力的成功遊戲心理學

You Are More
Than This

part 5
勘測你暢遊職場的能力

part 1
打開你的心態之門

「態度決定高度」、「心態決定命運」，

我們人生路上許多重要的決定和所作所為都是由心態決定的。

擁有一個良好的心態是事業成功和生活幸福的保證，

本章的測試幫助你認清自己多方面的心態問題，

讓我們一起來修好自己的這顆心。

認識你的人生態度

人生起起浮浮，生命坎坎坷坷，沒有人會一帆風順、一馬平川。人生中的得與失，幸福與否，其實完全取決於你的人生態度。想認識你的人生態度，從這裡開始。

▫ 開始測試

你在黃昏時分出外散步，結果發現一棟老朽的空屋。於是你悄悄潛入，從一面向西的破窗往外看，你的視線突然被窗外的某樣東西給吸引住了，請問這是什麼東西呢？

　　A、自佈滿晚霞的天空飛過的飛機

　　B、工廠的煙囪所冒出來的煙

　　C、漸漸西沉的太陽

▫ 測試結果

選A：

你是一個處世積極熱情的人。不斷地規劃人生，讓自己的生活過得既忙碌又充實。此種人是屬於步調很快的人，常常覺得人生短暫、時間不夠。相信你在工作、學習、興趣等方面已

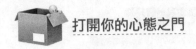 打開你的心態之門

經獲得不錯的成果。

選B：

你是那種容易衝動、心理變化比較劇烈的人。當熱衷於某件事時，你會覺得時間過得飛快，一旦興趣減退，便又覺得度日如年。終其一生，對時間的感覺變化相當大。這類的人或許是對人生的感覺或印象尚未定型，所以尚未找到自己的人生意義。

選C：

你是一個十分逍遙自在的人。由於在行動上你是屬於慢步調的人，所以往往容易變得懶惰。行動量一少，相對的，心理上便會覺得時間過得緩慢，感覺人生相當漫長。換句話說，同樣的時間，你的感覺好像過得比別人久。只不過，因為不夠充實，多少會感到有點空虛吧。

你追求怎樣的人生價值

每個人都在追尋屬於自己的生命價值，或者是對外表現自己，以期滿足自己的能力，或者是滿足自己精神方面的需求。走在生命旅途中的你，追求怎樣的生命價值呢？

開始測試

當你年老時，請想像以下三個場景哪個最令你嚮往？

A、與兒孫戶外郊遊

B、與老伴做伴依偎

C、閒來沒事打打高爾夫球

測試結果

選A：

內在導向型目標，精神方面的滿足所帶來的喜悅，遠勝於將自己的能力表現於外，而滿足自己的目標所帶來的喜悅。珍惜與人的相處，重視愛情與友誼，因為追求閒適安靜的生活方式，所以能享受家庭生活帶來的幸福感。

選 B：

快樂指向型目標，在吃喝玩樂中尋得人生的樂趣，擁有更多的體驗是你人生的目標，價值觀與其說是受物質支配，倒不如說是由「量」支配。如果你有2個以上的答案難以選擇，那就表示你的晚年生活非常穩定。

選 C：

外在導向型目標，你傾向對外表現自己，以期滿足自己的能力或支配欲。男性中有很多是此類型，以滿足工作、利益、榮譽為目標。

生命中你最注重的是什麼

> 榮耀、金錢、地位、家庭、感情……哪個是你在這個世界上獲得幸福的種子？對你來說，最注重的是什麼呢？

開始測試

如果有一天你忽然得到一種魔法，這種魔法可以使你變身為一種動物，那麼你希望變成哪種動物呢？

A、鳥

B、豬

C、鹿

D、狗

E、牛

F、馬

測試結果

選A：生命中，你最注重愛情

你追求一段完美的愛情，你認為人生就是因為有愛情，所以才顯得多姿多彩。

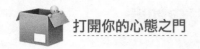

選B：生命中，你最注重金錢

你覺得有錢便是有一切，所以你總是賣力地賺錢、存錢，希望有朝一日成為大富翁，有錢能使鬼推磨的觀念深入你心。

選C：生命中，你最注重名譽

你認為失去了名譽，就沒有活在世上的價值了，所以平常的你總是謹言慎行，希望留給別人好印象。

選D：生命中，你最注重休閒快樂

你認為人生苦短，不必辛苦地去追求一些事物，悠閒地生活，最令你感到快樂，也可以說你是最典型的現代人。

選E：生命中，你最注重家庭

你的家庭觀念很重，心中期待的是父母的健康、兄弟姐妹間的和睦，甚至日後的夫妻、子女問題都是你最關心的。

選F：生命中，你最注重學業和工作

為了得到好成績，你總是投入很多時間在書本或工作上，與其說你是工作狂，不如說你有顆不認輸的心，也可以說你是個有上進心的人。

幸福離你有多遠

什麼是幸福？對於這個問題，每個人都有自己的解釋和感受。其實，幸福就是一種感覺，一種美好的感覺，你是不是也經常被這種感覺包圍呢？

▫ 開始測試

如果要畫一隻鳥和一個人，你會如何構圖？你會選擇以下的哪一種呢？閉上眼睛在腦海裡幻想下面五種構圖，選出你最喜歡的。

A、一隻鳥停留在一個人的肩上或手上

B、一隻鳥在上空飛行著，而這個人對這隻鳥毫不在意

C、一個人正看著籠中的鳥

D、一個人正追著飛走的鳥

E、一個人正向飛遠的鳥招手

▫ 測試結果

鳥象徵著「幸福」，這個人就是代表「你」。

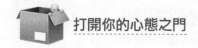

打開你的心態之門

選A：

幸福正陪伴在你左右，你每天都覺得很快樂，可能是你找到了自己的目標、最愛，因此覺得自己是世上最幸福的人了！

選B：

你對幸福沒什麼感覺，現在的你對生活相當淡然，或許你要經過一些事情才會突然想開，對人生才會有另一番的見解。

選C：

幸福已經降臨，卻受到了一些阻礙而讓你遲遲無法如願，比如你已有結婚的對象了，但對方家人反對你們的婚姻，或是你自己無法克服自己的心理障礙，所以婚期仍然未確定。可千萬別讓幸福與你擦肩而過啊！

選D：

你正在苦苦追尋心中的幸福，你很想抓住屬於自己的幸福，但又抓不住，所以正處於身心俱疲的狀態中。其實「有捨才有得」，因此如果眼前你認為的幸福並不是真正的幸福的話，可就要做個決定嘍！

選E：

你正在等待幸福的降臨，並且是以一顆平靜、平常的心來等待。但人生中有許多事要靠自己去追逐、爭取，機會、幸福稍縱即逝，可千萬大意不得！

 # 現在的你是否知足常樂

知足常樂是一種心態，它要求我們以一種正確的、平和的心態來對待寵辱得失。知足心就靜，心靜自然樂在其中。在這個物欲橫流的社會，你能保持一個平和的心境嗎？你是一個知足常樂者嗎？請測試！

▫ 開始測試

請根據實際情況作答。

選擇 A 得1分，選擇 B 得2分，選擇 C 得0分。

1、你是否覺得自己被迫循規蹈矩？

A、是的，有時是這樣

B、很少或從不

C、是的，我經常因為必須循規蹈矩而感到沮喪

2、你是否喜歡自己的工作？

A、大多數時候是，但不總是

B、是的

C、基本上不是這樣

3、你認為下面哪個詞是對你最好的概括？

A、安定的

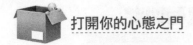

B、感到滿意的

C、不平靜的

4、你是否做了一些讓你良心不安的事？

A、是的，有時候

B、很少或從不

C、是的，我在這方面很擔心

5、你對生活是否抱有一種輕鬆的態度？

A、是的，對大多數事情是這樣。但有些事情很重要，不
是那麼容易放得下

B、整體來說，我的確是採取一種輕鬆的態度對待生活

C、我不認為自己是一個很輕鬆愉快的人

6、你是否會因為自己的失敗而拿別人出氣？

A、偶爾

B、很少或從不

C、經常

7、你是否感到自己的生日是在幸運的星座上？

A、也許我算比較幸運的

B、絕對沒錯

C、不

8、你是否已經實現了人生的大多數抱負？

A、大多數

B、我現在找不出特定的抱負需要我去實現

C、完全不是

9、你如何看待未來？

A、有一定程度的理解

B、如果順利的話，會像現在一樣繼續發展

C、我希望將來會比過去和現在要好得多

10、你擁有良好的睡眠嗎？

A、我努力做，但不是都會成功

B、是的

C、通常不太好

11、你是否感到自己有自卑感？

A、可能，有時是這樣

B、沒有

C、是的

12、你是否認為自己擁有忠誠和穩定的家庭生活？

A、整體來說是這樣

B、毫無疑問

C、不是

13、你覺得自己有沒有充分享受自己的休閒時間？

A、也許我的休閒活動沒有我希望的多

B、是的

C、沒有，因為我沒有時間參加休閒活動

14、你是否考慮過做整形手術來讓自己變得漂亮一些？

A、可能

B、沒有

C、是的

15、如果讓你回顧並且評價自己的人生，下面哪句話最適

合？

A、基本上滿意，但我認為自己還能夠獲得更多

B、我要感謝上天的恩賜，因為我人生的順境要多於逆境

C、我多少會感到有些生氣，因為我沒有實現自己的人生
　　價值

16、你是否很容易休息放鬆？

A、有的時候容易，有的時候比較困難

B、很容易

C、一點也不容易

17、你是否已得到人生中應該得到的大多數東西？

A、基本上是這樣

B、我認為我得到了

C、我認為我沒有得到

18、你是否經常希望自己是另一個人？

A、不經常，但偶爾會認為有些人比我幸運

B、我從來沒有認真地考慮過

C、我經常希望自己是另一個人

19、如果讓你用一年的時間變換生活方式，你願意嗎？

A、在特定的情況下有可能

B、我認為我不會

C、是的，我會接受這樣的機會

20、你是否覺得機會總是從身邊溜走？

A、有時

B、很少或從不

C、經常

21、你會嫉妒其他人的財產嗎？

A、偶爾

B、很少或從不

C、經常

22、你是否經常為做得太少而沮喪？

A、有時

B、很少或從不

C、幾乎始終是這樣

23、你是否渴望假期，它可以讓你完全逃避現實？

A、是的，有時候

B、假期是不錯，但對我來說不是必不可少的

C、是的，經常這樣想

24、你是否嫉妒富人或名人？

A、偶爾

B、很少或從不

C、經常

25、你經常對自己感到滿意嗎？

A、偶爾

B、經常

C、很少或從不

‧ 測試結果

0～24分：

你對自己的生活不太滿意，也許你對沒有實現自己的人生夢想或者已經精疲力竭而感到非常無奈和痛苦。也許你認為人生太過短暫，你沒有足夠的時間去做許多想要做的事情。也許你實在不滿意當前所從事的工作，而且在工作的時候你常常會想到許多你真正願意做的事情。或者你正在經歷人生的一個困難或緊張的時期，這種情況是我們每個人都可能遇到的。

如果情況確如上面所述，那麼現在正是審視並且評價自己的人生的好時候，並且特別要多注意積極的方面，捫心自問得到了什麼。也許你擁有一份穩定而喜歡的工作和一個和睦的家庭，這本身就是一種成就，也許你有一項喜愛的運動或休閒愛好，而且可以傾注更多的時間從中享受樂趣……所有這些都是值得感激的，而不是失望的理由。

25～39分：

你對自己的人生基本滿意，儘管可能你還沒有意識到這一點。雖然你並不缺乏雄心壯志，但你不會為了追求這些目標而去冒風險，包括危及你自己的快樂和現有的生活方式，以及那些和你最親近的人。但是，在你內心深處，你經常會有一種不滿足感，因為你自認為可以獲得更多，並且因此而多少感到有些遺憾。

儘管如此，你還是認為整體來說，自己的目標大部分已經實現，因此，沒有理由做任何改變，哪怕許多其他人，例如朋友、父母、老師和同事都急切地告訴你應該怎樣對待生活。畢竟只有當這些目標對你來說很重要時，它們才算重要，因此，你是自己的首席專家，有權決定自己的人生應當走什麼樣的道路。

40～50分：

你的得分顯示你對自己的生活感到滿意。因此，你可能擁有快樂和內心的安寧。正是這種快樂感染並影響你周圍的人，尤其是你的直系親屬。

你是很幸運的人，能夠找到自己的小天地。你非常知足常樂，這也是許多人羨慕你的地方。

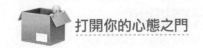

你是不是一個樂觀主義者

你是個樂觀主義者，還是個悲觀主義者？你是透過亮麗的鏡子，還是透過灰暗的鏡子來看待人生？做完這個測試，你就明白了。不過編者要向明瞭自己性格的人進一言：「樂觀者切勿過於冒險而多了禍事，悲觀者切勿過於保守而少了進取。」

□ 開始測試

請根據你的實際情況作答。每道題目答「是」得1分，答「否」得0分。

1、如果半夜裡聽到有人敲門，你會認為那是壞消息，或是有麻煩發生了嗎？

2、你會隨身帶著安全別針或一根繩子，以防衣服或別的東西裂開？

3、你跟人打過賭嗎？

4、你曾夢想過中了彩券或繼承一大筆遺產嗎？

5、出門的時候，你經常帶著一把傘嗎？

6、你會用收入的大部分用來買保險嗎？

7、度假時你曾經沒預訂賓館就出門了嗎？

8、你覺得大部分的人都很誠實？

9、度假時，把家門鑰匙託朋友或鄰居保管，你會把貴重

物品事先鎖起來嗎？

10、對於新的計畫你總是非常熱衷？

11、當朋友表示一定會還時，你會答應借錢給他嗎？

12、大家計畫去野餐或烤肉時，如果下雨你仍會按原計劃行動嗎？

13、在一般情況下，你信任別人嗎？

14、如果有重要的約會，你會提早出門以防塞車或別的情況發生嗎？

15、每天早上起床時，你會期待美好一天的開始嗎？

16、如果醫生叫你做一次身體檢查，你會懷疑自己生病嗎？

17、收到意外寄來的包裹時，你會特別開心嗎？

18、你會隨心所欲地花錢，等花完以後再煩惱嗎？

19、上飛機前你會買保險嗎？

20、你對未來的生活是否充滿希望？

測試結果

0～7分：

你是個標準的悲觀主義者，看人生總是看到不好的那一面。身為悲觀主義者，唯一的好處是你從來不往好處想，所以很少失望。然而以悲觀的態度面對人生，卻又有太多的不利。你隨時會擔心失敗，因此寧願不去嘗試新的事物，尤其遇到困難時

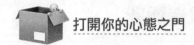

打開你的心態之門

你的悲觀會讓你覺得人生更灰暗。解決這一問題的唯一辦法，就是以積極的態度來面對每一件事和每一個人，即使偶爾會感到失望，你仍可以增加信心。

8～14分：

你對人生的態度比較正常。不過你仍然可以再進一步，只要你學會以積極的態度來應付人生的起伏。

15～20分：

你是個標準的樂觀主義者。看人生總是看到好的一面，將失望和困難擺在一旁，不過過分樂觀也會使你對事情掉以輕心，有時反而誤事。

你是否擁有自信的資本

自信是成功的最大資本。那麼，你是否擁有這一項資本，進而能踏上成功之路呢？

下面的測試就能告訴你：你是不是一個有自信的人。用「是」或「否」來回答每道題。

▫ 開始測試

1、你是不是時常羨慕他人取得的成就？

2、在聚會上，只有你穿得不夠體面，你會感到很尷尬嗎？

3、你經常跟人說抱歉嗎？即使在不是你錯的情況下。

4、你經常聽取別人的意見嗎？

5、對別人的讚美，你總是持懷疑的態度嗎？

6、如果想買性感內衣，你會郵購，而不親自到店裡去？

7、你很懂得搭配衣服嗎？

8、你經常勉強自己做一些不願意做的事情嗎？

9、你很少欣賞自己的照片嗎？

10、只要下定決心一定會堅持到底，即使別人很反對嗎？

11、你與別人合作無間嗎？

12、你會為了討好別人而打扮嗎？

13、如果在非故意情況下傷了別人的心，你會難過嗎？

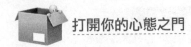
14、對自己的外表滿意嗎？

15、認為自己是個絕佳的情人嗎？

16、參加晚宴時，即使很想上洗手間，你也會忍著直到宴會結束嗎？

17、你認為你的優點比缺點多嗎？

18、你希望自己具備更多的才能和天賦嗎？

19、你有幽默感嗎？

20、別人批評你，你會覺得難過嗎？

21、如果店員的服務態度不好，你會告訴他們經理嗎？

22、你是個受歡迎的人嗎？

23、目前的工作是你的專長嗎？

24、你任由他人來支配你的生活嗎？

25、你很少向別人說出你真正的想法和意見嗎？

26、你認為自己的能力比別人強嗎？

27、危急時，你很冷靜嗎？

28、你經常希望自己長得像某某人嗎？

29、你為了不使愛人難過，而放棄自己喜歡做的事嗎？

30、你總是覺得自己比別人差嗎？

31、你認為自己很有魅力嗎？

32、你認為自己只是個尋常人嗎？

33、你是個優秀的領導者嗎？

34、你懂得理財嗎？

35、在聚會上，你經常等別人先跟你打招呼嗎？

36、你對異性有吸引力嗎？

37、你每天照鏡子超過三次嗎？

38、你的記性很好嗎？

39、你的個性很強嗎？

40、買衣服前，你通常先聽取別人的意見嗎？

▫ 評分標準

題號	1	2	3	4	5	6	7	8	9	10
是	0	0	0	0	0	0	1	0	0	0
否	1	1	1	1	1	1	0	1	1	1
題號	11	12	13	14	15	16	17	18	19	20
是	1	0	0	1	1	0	0	0	1	0
否	0	1	1	0	0	1	1	1	0	1
題號	21	22	23	24	25	26	27	28	29	30
是	1	1	1	0	0	1	1	0	0	0
否	0	0	0	1	1	0	0	1	1	1
題號	31	32	33	34	35	36	37	38	39	40
是	1	0	1	1	0	1	1	1	1	0
否	0	1	0	0	1	0	0	0	0	1

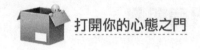

打開你的心態之門

▫ **測試結果**

0～11分：

你對自己不太有信心，你過於謙虛和自我壓抑，因此經常受人支配。從現在起，不要被別人的看法所左右，時刻提醒自己，「我是最棒的」，只有這樣，才能得到別人的尊重。

12～24分：

你對自己頗有自信，但是你仍或多或少缺乏安全感，對自己產生懷疑。你不妨提醒自己在優點和長處各方面並不輸給他人，特別強調自己的才能和成就。

25～40分：

你對自己信心十足，明白自己的優點，同時也清楚自己的缺點。不過，在此勸告你一聲，如果你的得分接近40，別人可能會認為你自大狂傲，甚至氣焰太盛。你不妨在別人面前謙虛一點，這樣人緣才會好。

探測你最輸不起的一面

你是否曾想過，什麼是你一生最輸不起的事情？感情？金錢？事業？還是其他？如果你還不清楚，就讓這個測試告訴你吧！

開始測試

假設你參加聚會時，有人在不停地大聲笑鬧，你的反應會是什麼？

A、懶得理會

B、酸酸地說上幾句

C、坐在自己位置上，大聲訓斥幾句

D、擺出一張臭臉

測試結果

選A：你在金錢上最輸不起

這種類型的人很愛自己，覺得生活要有品味，而且要有品質，不喜歡裝窮。他覺得人生苦短，所以他儘量讓自己過得好一點，對家人好一點。

選B：你在感情上最輸不起

這種類型的人內心非常脆弱，有自知之明，知道自己如果在感情上受到傷害的話，可能要花很長的時間讓自己平復傷痛，所以他發現和另一半有感情裂痕的時候，他會趕快分手，這樣他的療傷期就可以變短。

選C：你在工作上最輸不起

這類型的人很喜歡享受工作上的成就感，例如，掌聲、收入對他來說非常重要，所以只要他下定決心就可以做到最好。如果有人扯他後腿，就會讓他非常不高興。

選D：你對任何事都輸不起

這種類型的人好面子，他覺得自己的尊嚴很重要，自尊心非常強，如果人家挑釁他使他受不了，他反撲的力氣會讓人嚇一大跳。

你對新事物的態度如何

> 有人說，人生是在好奇與渴望中度過的，那是因為我們都具有對新生事物的追求和對生活的充分體驗、享受。
>
> 好奇是上進的表現，渴望是生活的動力。不要放過每一次對新事物的好奇與渴望心理，因為它們在你的人生中佔據著莫大的比重。

□ 開始測試

1、你打算做一個書架，可是又從未用過扁鑽，你：

A、雇傭其他人

B、求助於朋友或技術手冊

C、買回材料自己試著做

2、你走進一家婦女時裝店，結果卻發現店裡只有幾件衣服，而且衣服上都沒有價目標籤，於是你：

A、轉身出去

B、舉止自然，並問是否有你能穿的衣服

C、為避免尷尬，看一下陳列的衣服，然後離開

3、如果你做的某項工作需要根據某一公式重複計算二十次，並且有一台電腦可供你使用，而你又從未使用過電腦，這時你會：

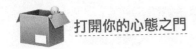
A、請教某人或查使用手冊，在電腦上把結果計算出來

B、仍舊願意多花點時間，用手重複計算

C、請別人上機代你算出來

4、你的新老闆讓你去做一件你從未做過的事，你：

A、說「可以，不過我需要幫助」

B、有禮貌地拒絕，因為它超出了你的經驗範圍

C、埋頭到這項工作裡，儘量把它做好

5、在迪斯可舞會上，別人在跳一種你不會跳的舞，你：

A、站起來，學著跳

B、看著別人跳，直到改奏慢節拍的舞曲

C、請一位朋友私下教你這種新舞步

6、你身處異地，對其方言只知隻言片語，於是你：

A、只用有把握的詞句

B、講普通話，因為你還不能夠熟練地使用當地的方言

C、盡可能多地使用它，相信人們都是友好的

7、街上流行一種很時髦的服裝，你會：

A、仍舊穿以前的衣服，覺得穿新衣服很不自在

B、立即買一套穿上

C、觀望一段時間，如果周圍的同事都買了才去買一套

8、出席一個你不甚瞭解的研討會，你：

A、提出許多問題

B、假裝能領會別人的意思

C、會後查一下不懂的地方

9、和朋友去間西餐廳吃飯，你想用刀叉吃可是又不會，

於是你：

　Ａ、看別人怎樣用刀叉時才拿起刀叉

　Ｂ、仍舊使用筷子或勺子

　Ｃ、請教服務員

10、公司辦公室裡安裝了一台新的電腦，你：

　Ａ、儘量避免使用它

　Ｂ、很願意使用它

　Ｃ、向別人請教該怎樣使用的

▫ 評分標準

題號	1	2	3	4	5	6	7	8	9	10
A	0	0	10	5	10	5	0	10	5	0
B	5	10	0	0	0	0	10	0	0	10
C	10	5	5	10	5	10	5	5	10	5

▫ 測試結果

0～40分：

在新事物面前畏縮不前

　　你會輕易地被從未嘗試過的事物征服或嚇倒。可能你認為別人總希望你的表現能像專業人員那樣令人滿意，或者可能是

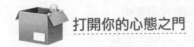

對你自己期望值過高。不管怎樣,當你下次再猶豫不決時,不要再急著返回熟悉的領域裡,而應該激勵自己嘗試新的東西。

41～70分:
對新事物的追求有些謹慎

你最終會熟悉周圍的環境,會對新事物充滿追求與渴望,但這通常需要時間。謹慎雖然是件好事,但它卻妨礙你發現自己真正的能力。所以不妨抓住機會嘗試一下,你可能會得到意想不到的結果。

71～100分:
對新事物充滿好奇與渴望

對於你,「新」和「挑戰」同義。你願意嘗試任何事情,這說明你的自信心用對了地方。但是這種凡事皆試的唯一問題是,你可能會做得有些過分。有時承認自己對某些事不瞭解,而尋求幫助也是很有益處的。敢於嘗試使你前進,但不要做得過分。

part 2
離成功你還要走多遠

每個人都嚮往事業成功，雖然目前你可能還在路上，

正積蓄著能力，但日後飛黃騰達也不是不可能，

想知道自己的潛力如何、有多大的成功機率嗎？

阻礙你成功的心理因素是什麼？本章的測試將為你解開答案。

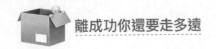

你對成功的渴望有多強烈

每個人追求成功的動機都是不一樣的，有的人都動機比較強，而有人的動機比較弱，而你在追求成功的過程中動機有多強呢？

▫ 開始測試

你和戀人前往五十層樓高的餐廳吃晚餐，但電梯到了四十層樓因故停止需要走樓梯，這時你會……

A、在四十層樓餐廳將就吃

B、爬上五十層樓

C、打電話到五十層樓，要求他們把菜送到四十層樓來

▫ 測試結果

選A：

這種人成功動機低，擅長計畫卻又不採取行動，只要預料會遭遇困難便馬上放棄，或者告訴自己「現在這樣已經很不錯了」。

選B：

這種人成功動機高，會向目標積極邁進，即使成功也不滿足，會企圖獲得更高的成就，對自己要求很高，享受追逐目標的樂趣。

選C：

這種人想做時會努力去做，不想做時就不做，所以這種人的成功動機具有不穩定性，時而強時而弱，很難堅持到底。

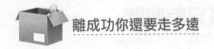

你的發展潛能有多大

如果你正為前途的暗淡無光而心存疑慮；如果你不知道自己一生的路將會走出多少光耀；如果你不知道努力拼事業會有多少成就；如果你迫不及待想知道你能給自己的一生，繳上一份什麼樣的問卷……

下面的小測驗的確具有普遍性，它是以對食物的喜好來判斷前途的心理測驗。

▫ 開始測試

試想，偶爾和朋友兩人到壽司店去，眼前有各種壽司。如果朋友說：「喜歡什麼就拿什麼！」

你最先會拿哪一種呢？壽司的排列次序如下：

A、蝦

B、金槍魚

C、鮑魚

D、花枝

E、海苔

F、雞蛋

G、魚子

測試結果

選A：
欲求執著型

為了實現自己的欲求及願望，犧牲其他東西也在所不惜。平時有崇高的理想，討厭平凡的事情。另外，事業技能高超，但人際關係卻不怎麼樣，不適合從事管理工作。

選B：
正統常識型

非常具有常識的判斷力及行動力。重視人際關係，能獲得其他人的信賴和支持，最適合當上班族。

選C：
耐力不足型

期待強烈，但衰竭也快速。耐力不足，卻想要追求刺激，做任何事情容易半途而廢，是屬於「凡事只有三分鐘熱度」的類型。

選D：
實際型

不注重外觀，具有將想法立即付諸行動的性格，是對金錢非常關注的現實主義者。

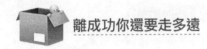

選E：
妥協型

心中的想法往往不形於色，屬於內向型。在日常生活中經常做出妥協，即使是討厭的事情也能忍耐。一生中不會有非常高的職位，但其踏實的工作態度會使其受到重視。

選F：
感情化的類型

容易受心情影響，抵擋不住外界的誘惑，欠缺自信和主體性，常以他人的意見為意見。

選G：
自我顯示型

不滿足於平凡的事，並力求讓周圍的人看到自己的能力，是喜歡炫耀的人。對上司及權威有強烈的反抗心，適合從事業務工作。

你是雄心勃勃的野心家嗎？

成就動機通常也被稱為企圖心或野心，人不能沒有野心，沒有野心也就沒有足夠的動力。然而，野心過大時往往欲速則不達，獲勝的動機太過強烈，反而降低效率。過大的野心往往會損害人際關係，並且當一個人把注意力高度集中於自己的目標時，就可能忽略自己和他人的情感需要，有時還容易為自己帶來挫折感。下面的測驗將讓你瞭解自己的野心到底有多大。請你根據自己的實際情況，選擇最適合你的一項，每題有三個選項：A是；B很難説；C否。

▫ 開始測試

1、積極參加有關學習和訓練，努力增強自己的競爭力。

2、經常在節假日工作。

3、認為自己是個對輸贏很在意的人。

4、和自己資歷相同的人卻比自己成功，你對此感到氣憤。

5、認為人的野心越大，工作的動力就越大。

6、認為什麼事都做不好的人沒有出息。

7、經常想著儘快獲得更高的職位、更大的成績。

8、認為自己的業績受到重視是非常重要的事。

9、出人頭地比其他任何事情都重要。

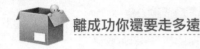

10、如果你是參賽選手，絕不想參加拿不了名次的比賽。

11、只有在成績優異時，你才對自己感到滿意。

12、總想在團隊中當領導者。

13、想比父母、家人更成功。

14、解決難題或獲得成功後會有巨大的興奮感和快感。

15、總是不知疲倦地為實現自己的目標而奮鬥。

16、始終有一個希望可以達到的目標。

17、能充分享受解決難題的樂趣。

18、喜歡拿自己的成績和別人作比較。

19、很在乎自己是否受到批評。

20、日常遊戲或比賽樂趣在於獲勝，否則就沒有什麼意思。

21、對自己的知識、能力和成績總感到不滿。

22、不願從事穩定但發展機遇少的工作，而喜歡有冒險性但發展機遇多的職業。

23、如果你是董事長，會努力勝過公司所有員工。

24、恨不得一下子就擁有很多的成功。

25、渴望成為人群中最出色、最富有、最成功的人。

▫ 評分標準

選 A 得 2 分，選 B 得 1 分，選 C 得 0 分，最後計算總分。

測試結果

　　一般來説，分數越高，成就動機越強烈，野心也就越大；反之，分數越低，成就動機越弱，野心就越小。

　　從下表中可以找到你所在的年齡段及相應分數的含義。

14~16歲	17~21歲	22~30歲	31歲以上	野心
40~50分	35~50分	42~50分	40~50分	很大
36~39分	31~34分	32~41分	35~39分	較大
23~35分	22~30分	26~31分	28~34分	一般
19~22分	14~21分	20~25分	23~27分	較小
6~18分	0~13分	0~19分	0~22分	很小

1、很強：有極強的成就動機

　　你的野心很大，並且很想出人頭地，闖一番大事業，你追求刺激和冒險。但是由於你的野心過於明顯、強烈，期望值過高，往往欲速則不達，過強的動機阻礙了你才能的有效發揮，最終使得事與願違。

2、較強：成就動機較強

　　你有較大的野心，有所作為，與眾不同，你的工作動機就

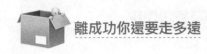

要是取得成就。你注重成績，對自己的能力能有客觀的評價。可以說，你是個很現實的人，透過分析自己所處的環境及自身的情況，會做出合理的安排。

3、一般：成就動機一般

你有一定的野心，但對此的態度比較隨意。你不是為了獲得成就而工作，工作在你的生活中只佔一部分位置，你對自己有較為客觀的評價，你的進取心一般，很可能是你的主要的興趣不在工作上，也可能是你努力了，但經常碰壁而使你失去了信心，或壓抑了你的上進心。

4、較弱：成就動機較弱

你的野心不大，你缺乏上進的目標和動力。你很滿足於現狀，缺乏競爭性，這對工作會產生不利影響。一旦你對工作缺乏野心，就很難獲得成功。

5、很弱：幾乎完全缺乏成就動機

你的野心很小，或者說沒有，你缺乏獲得好成績的衝動和積極性，你可能完全缺乏活力和上進心，你對生活沒有什麼奢望和憧憬，也不想做太多的努力。

成功者必備素質你缺少那一項

想要發財、成功,就要多方面培養自己的素質,可是我們並不是全才,總有些不盡如人意的地方。你離成功還有多遠?要想跨越成功的門檻你還需要什麼能力呢?請做下面的測驗:

▫ 開始測試

如果頭戴草帽的女巫師忽然出現在你面前,說:「為了獎勵你的勤懇和努力,偉大的神決定賜給你一種超能力,你想要哪一種?」聽完這段話,你會怎麼回答這個女巫師呢?

A、自由飛翔

B、透視能力

C、意念控制力

D、預知能力

E、瞬間移動

▫ 測試結果

你所選擇的能力就是自己潛意識中最缺乏的。

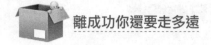

選A：

你的潛意識中缺乏翻雲覆雨的魄力。你離成功的距離並不遠，只是你還沒有看到，成功的大門也許就在你面前，你內心深處對於成功的渴望，反而讓你產生一種想遠離峰頂的恐懼。即使你已經攀到了最高峰，你還會問自己：我真的成功了嗎？不過你的謹慎也是一般人無法企及的。

選B：

你的潛意識中缺乏應對人際交往的能力。可能你總是被一些陰險、繁瑣的人際關係遮住了眼睛，總看不透人性險惡的一面，所以你就想借一雙慧眼，看個清楚、明白、真切。

選C：

你的潛意識中缺乏毅力、耐性。其實你擁有這種能力之後，最想控制的對象是你自己。也許你成功的最大阻力，就是缺乏堅強的耐性和意志力。

選D：

你的潛意識中缺乏經濟能力。你是不是想知道下一期的大獎號碼是多少啊？金錢上你可能出現了一點問題，所以想找一條清晰的捷徑來擺脫目前的困境。慢慢來吧！

選E：

你的潛意識中缺乏體力。你要多注意自己的身體了，可能會有一些挺麻煩的毛病將要或者正在困擾著你，如果你的預感很準的話，就趕緊去看看，而且你對速度一定有很強的欲望。

阻撓你成功的心態是什麼？

心態就是決定我們日常行為的一種心理狀態，它決定著我們做事的最終結果。成功者和失敗者最大的區別，就是做事的心態不同。

那你現在已經具備成功者的心態了嗎？如果還沒有完全具備的話，那阻撓你成功的矛盾心態又是什麼呢？

▫ 開始測試

就職於某企業宣傳部的你，因為工作的關係，常接受一些廣告代理商的招待，也常收到類似的禮物。前些日子你才剛以競標的方式向Ａ、Ｂ兩家公司提出要求，要他們為你所負責的商品製作廣告。

某天下午，你收到一件沒署名的禮物，不過，你心裡有數，這份禮物可能是其中一家公司寄來的。請問在這種情況下，你的反應比較接近下面哪一個答案？

Ａ、先確認送禮的人是誰之後，再委婉地回絕對方

Ｂ、總之，先打開來看看。如果是自己喜歡的東西，就先收下來

Ｃ、跟上司商量看看再做決定

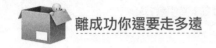

□ 測試結果

選A：

因過於受到道德觀念的束縛，又不懂得變通，想必大概是自幼父母管教嚴格，絲毫不敢越軌。但若想在事業上有所成就的話，就必須在各方面尋求自我突破。不過，潛意識卻害怕如此，因而產生矛盾的心態。建議你不妨慢慢調整自我，而不要突然做太大的轉變。

選B：

愛占小便宜、貪圖小利。從某個意義上來說，是對自己的人格特質相當執著的人。在你的觀念裡，成功不等於自己的立場。

選C：

表示有依賴心或逃避責任的心理。選此答案的人，具有拒絕長大的傾向，因為有不願成為大人的心態，所以，在無意識中會認為成功等於必須為工作負責。建議你不妨冒險為自己的事業做一番賭注，或許會為你帶來意外的驚喜。

你會為達到目標而不擇手段嗎？

> 有時，人們必須用盡一切方法去爭取自己的利益，你能這樣做而不造成損失嗎？請選擇你完全支持或者在很大程度上支援的選項。

□ 開始測試

1、我覺得員警有時可以觸犯法律。

2、在婚姻中丈夫有性生活的權利。

3、就算對於比較小的違法行為，《舊約》中的法則「以眼還眼，以牙還牙」也應該發揮作用。

4、在生活中總是老實、忠誠的人無法應對一切。

5、賄賂當然是必須被禁止的，但是我能夠理解那些收受賄賂的人。

6、我認為失業者中的大多數人只是因為懶惰。

7、我贊成死刑，比如犯了謀殺罪。

8、我絕對不會改變我的生活方式。

9、如果服用興奮劑不能被完全制止，那麼我們的運動員也應該可以服用興奮劑。

10、每個人都有自衛的權利，即使這可能造成死亡。

11、人們應該在他人面前盡可能地隱藏自己的感覺。

12、我很願意自我批評，所以不需要別人再批評我了。

13、今天人們不應該再因為第二次世界大戰而責？德國。

14、在看到世界上的所有困苦時，人們只能視而不見，充耳不聞。

15、人們必須抑制工作崗位上的競爭——領導者一職的數量畢竟很少。

16、我認為母親打孩子一個耳光是很正常的事。

17、報稅時，每個人都可以為自己的利益而撒個小謊。

18、我很在乎我的另一半會不會出軌。

19、信任別人的人，會很快被拋棄。

20、幾百萬對於銀行來說只是一個小數目。如果我有機會進行一次成功的銀行搶劫，而不在搶劫的過程中傷害任何人，並且保證不會被逮捕的話，我會考慮這樣做。

21、我能理解那些三不五時裝病不去上班的人。

22、有時候我很高興又有了一些右翼極端分子，儘管我不總是贊同他們的政治觀點。

23、當在一個國家裡進行嚴屬整頓和採取有力措施時，有時候無事者的利益會受到損害，但是這與秩序的創造並不矛盾。

24、一個國家如果感到自己受到威脅了，那麼它不應該進行談判，而應該擴充軍備。

25、生活中最重要的是，不要成為任何人的負擔。

26、今天年輕的一代對於他們自己能夠做到的事情，提出了太過分的要求。

27、自我控制對於大多數人來講都比較困難，但是我卻能夠做到這一點。

28、社會救濟只應該給予那些在一百公里範圍內實在找不到工作的人。

29、雖然丈夫打妻子是不對的，但這樣的事情甚至在最和諧的家庭裡也可能出現，這時候人們不應該小題大做。

30、法律應該規定為那些失業的年輕人提供工作，即使做這些工作不會賺很多錢，但卻能使他們遠離饑餓。

31、在經濟生活中，用儘快的速度獲取更多的錢是符合道德標準的。

32、如果有一次外遇，這也不會損害我的婚姻。

33、如果我的家庭受到了威脅，我會武裝我自己。

34、沒有自我困擾的人是沒有太多價值的。

35、對我最好的朋友，我也不全是十分信任。

36、道路建設比自然保護更為重要。

◦ 評分標準

計算你支援或在很大程度上支援的選項數，每選一個得1分，計算出總分。

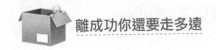

□ 測試結果

0～12分：

你在使用你的「手腕」方面有困難。你很溫和，很謹慎，愛動腦筋。對你來說，顯示你的力量是件不好的事情，也許你面對生活時也經常感到無能為力。

這個測試中的大多說法對你來說都是不好的，因為它們描繪的不是一個美妙的世界，它們描繪了很多「手腕」，我們就是生活在一個充滿這些「手腕」的世界裡。面對這些人，我們必須表現出強硬態度，其他方法對這些人都是沒有作用的。

13～20分：

你能夠利用你的「手腕」，而且你也這樣做了，然而是有限度的。你總是想到別人的權利，因為你知道自私自利會使人無論在家庭裡還是在工作中，都無法有意義地與人共同生活。這個地球上的人們就是由於自私的利益而無法和平相處的，所以，如果你對別人有好感，那麼對你來說，收起你的「手腕」就比較容易。

遺憾的是，如果別人的生活方式不能獲得你的好感，你就會覺得這樣做很不容易。這時，你就會產生自己的生活方式被人懷疑的感覺，這種感覺在絕大多數時候，是由於無知和缺乏理智而導致的。因為一旦人們和那些對於自己來說陌生的人建立了聯繫，就會產生好感，這是一種自然法則。

21～36分：

你善於運用你的「手腕」。當別人顧慮重重，或者產生道德思考時，你會在自己開闢的道路上無所顧忌、勇往直前。你的做事原則是：先下手為強。你相信：如果世界上的每一個人都考慮自己的利益，那麼就能夠做到最公平，但是遺憾的是事情並非如此，因為世界上的大部分痛苦都源於自私自利。比如，家庭暴力問題，對其他國家的暴力，對自然的暴力，等等……。

今天我們必須為多方面的利益而奮鬥，而不只是為了自己的利益，這樣做帶來的結果是：人們會遇到許多很有價值的人，他們對於生活的豐富遠大於錢和成功所能做到的，因為他們帶來的是愛和友誼。

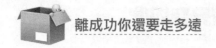

尋找你神祕的內在潛能

每個人身上都蘊藏著無限的潛能，成功者與普通人最大的區別在於他們有效地發掘了自己的內在潛能，因此爆發出別人沒有的力量，想知道你的身體裡蘊藏著哪方面的潛能嗎？快來進行下面的測試？

▫ 開始測試

從前有個小魔女，她從小父母雙亡，由壞心腸的叔叔、嬸嬸撫養長大。因此，她一直不知道自己會魔法。有一天，小魔女像往常一樣按照嬸嬸的命令打掃院子。天氣非常寒冷，她一邊發抖一邊想：「要是這把掃帚能自動打掃院子該多好啊！」突然，奇妙的事情發生了。掃帚「咻」地跳出小魔女的手，自動打掃起院子來。小魔女在吃驚的同時，意識到自己擁有不可思議的力量。小魔女在那一刻意識到了自己擁有神奇的力量，於是，她……你覺得小魔女接下來會怎麼做呢？

A、把破爛的掃帚修理得漂漂亮亮

B、一直盯著掃帚，觀察它如何移動

C、立即乘上掃帚飛離了這個家

D、仔細研究掃帚的特異之處

測試結果

選A：手工

你是個心靈手巧的人，能做許多複雜的手工活。如果你是男孩，不妨嘗試一下製作模型；如果你是女孩，不妨嘗試一下編織或裁剪。你一定會做得相當出色，令自己也十分意外。

選B：繪畫

你擁有常人無法比擬的敏銳觀察力。因此，你有繪畫的潛能。繪畫不僅需要激情，觀察力也很重要。雖然將所見事物毫釐不差地描繪出來很難，但只要有這樣的觀察力就不成問題。

選C：作曲

你的感受力比其他人強烈得多。所謂感受力，是指對所見所聞產生感覺和反應、並使之成為自身一部分的能力。如果你能充分發揮你那優異的感受力從事音樂創作，一定能寫出優美動人的歌曲。

選D：寫作

你的潛能是創作，也就是寫小說。你的想像力極其豐富，是常人的好幾倍。雖然你可能尚未意識到這一點，但你是不是經常從朋友的一個小動作揣摩出他的心思，或者由一幅畫聯想出一個故事？是的話，那就對了！

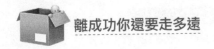

測試你的成功機率

就像機遇只偏愛有準備的頭腦一樣，成功的大門總是為有準備的人打開，你想成為受人矚目的精英，還是碌碌無為的小人物呢？下面的測試，能看看你的成功指數有多高，以及你的不足在哪裡。

▫ 開始測試

1、你去商場買衣服的時候，和另一個人同時決定買下同一件衣服，這時你會？

A、很有禮貌地讓給他

B、一定要買到手

C、問問他為何想要，兩人商量一下

2、你對你現在從事的工作怎麼看？

A、為了將來更出色，打下堅實的基礎

B、做得和大家一樣好

C、爭取比別人做得更出色

3、如果你一天被偷了兩部手機，你有什麼感覺？

A、覺得很羞恥

B、命中註定，今天被偷

C、一定是自己的問題，太不小心了

4、你在家裡看書，突然發生強烈地震，你會怎麼辦？

A、找個狹小的角落躲起來

B、往外逃

C、和家人在一起

5、你坐巴士出去旅行的時候，半路上汽車忽然拋錨，你會怎麼做？

A、下車看看什麼原因，幫幫忙

B、在車上等

C、乘機出去玩一會

6、你比較嚮往下列哪種生活狀態？

A、藝術家自由自在的生活

B、探險家新奇刺激的生活

C、企業家充實勤奮的生活

7、對「要想成事，先要做人」這句話你怎麼看？

A、真理

B、廢話

C、一句空泛的哲理

8、你在學生時代做過班級的管理工作嗎？

A、一直是班級幹部

B、沒當過班級幹部

C、曾經做過班級幹部

9、你一定有玩過秋千吧？你盪秋千的時候通常是什麼狀態，還記得嗎？

A、能盪多高就盪多高

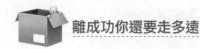

B、有節奏地來回盪

C、坐在秋千上，隨意晃動

10、你認為你要發大財需要什麼條件？

A、機遇

B、不懈地奮鬥

C、奮鬥+機遇

評分標準

題號	1	2	3	4	5	6	7	8	9	10
A	1	2	2	3	3	1	3	3	3	1
B	2	1	1	2	2	2	1	1	2	2
C	3	3	3	1	1	3	2	2	1	3

測試結果

10～16分：

成功指數30%，功成不居

你對名利和權勢不是特別熱衷，因為你的生活目的和標準與別人不太一樣，你敏感浪漫的情懷使你很嚮往自由的生活。所以在不經意間，你可能成就大事。

17～23分：

成功指數49%，功虧一簣

成功往往跟你擦肩而過，你的問題就在於你既想做事又想過舒服的日子，這樣使兩頭都沒有得到，經常離成功只有一步的時候失敗。你應該增加一些信心和恆心，或許成功的機會會大增。

24～30分：

成功指數80%，功到自然成

你能把握機遇戰勝困難，是個難得的將才，而且你具備成功的決心、智商和勇氣。在挑戰面前，你務實勤奮的精神和幹勁，使你周圍的人都深受感染。只要你盡力，命運就不會讓你失望。

part 3
你有多少財富「基因」

儘管金錢不是衡量一個人成功與否的唯一標準，

但在現今社會中，成功人士的口袋中缺錢的為數不多，

也就是說，有錢在一定程度上已經與有作為畫上了等號。

誰都可以透過自己的努力，改變貧窮的命運成為財富擁有者，

但是成為富人需要智慧和能力，這種智慧和能力你具備了嗎？

快進入本章的測試，看看你有多少財富「基因」吧！

你是不是一個奢華的人

現在是一個流行奢華的時代,越來越多的人懂得消費升級的觀念,知道如何才能更好地享受生活。你是不是也已經緊隨潮流成了奢華一族?做完下面的測試,也許你就會明白。

▫ 開始測試

1、你較偏好哪種顏色

A、黃色、褐色、粉紅色

B、紅色、紫色、綠色

C、藍色、黑色、白色

2、你喜歡的電視節目類型哪方面居多呢?

A、訪談類、法治類節目

B、體育節目、百萬大挑戰

C、喜劇、綜藝類節目

3、平常看到喜歡的電視節目,你的習慣通常是?

A、看到廣告就轉台

B、不轉台,不過會去做其他事情

C、幾乎不轉台,看到節目結束

4、你最不想夢到什麼?

A、感覺很不祥的夢

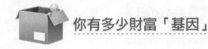

B、嚇出一身冷汗的噩夢

C、夢中被人追殺

5、目前你有三個工作機會，你會比較想從事哪個工作？

A、旅行團導遊

B、百貨公司櫃檯人員

C、銀行服務人員

6、你的臉型是屬於什麼樣子的？

A、長型或倒三角形的臉

B、圓形或橢圓形的臉

C、有棱有角、方正的臉

7、如果你逛書店看到一本很感興趣的書，你會？

A、先買回去再好好閱覽

B、覺得很不錯就買回去

C、只看不買，在書店把它看完

8、如果你有一筆積蓄，你會選擇到哪個國家遊玩？

A、希臘、埃及

B、美國、英國

C、澳洲、紐西蘭

9、你平常講話的速度快嗎？

A、很快，劈裡啪啦型

B、適中，井井有條型

C、不快，慢條斯理型

10、仔細觀察你的鞋跟，是內側還是外側磨損較嚴重呢？

A、左右腳都是外側

B、左右腳不同側

C、左右腳都是內側

評分標準

選「A」得5分，選「B」得3分，選「C」得1分。

測試結果

10～20分：奢華指數★★

「天有不測風雲，人有旦夕禍福」，你的觀念較為保守。錢雖非萬能的，沒有錢卻是萬萬不能，多存一點總是好的。在生活風格上，你不求鋪張浪費，只求實用方便。儲蓄是一種美德，可是如果凡事過於一切從簡，可能會喪失了不少機會。該花費的就要花費，營造自己的特色來突顯自己，因為埋頭苦幹出人頭地的時代已經過去。

21～30分：奢華指數★★★

對於消費你較理智，不會刻意追求名牌，但也拒絕粗製濫造的便宜貨。基本上賺錢不容易，能省則省；但是該花費的，你也不至於太吝嗇。在自己有興趣的項目上，你很捨得消費；只是有些方面你也可能寒酸過了頭。理智的人通常不太懂得感

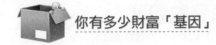

性，也不太能掌握人際關係上的投資。能力是一項很重要的工作指標，只是在凡事講求團隊合作的今天，卻不能過分依賴單打獨鬥。

31～40分：奢華指數★★★★

你也想好好理財，不亂買東西造成浪費，只是在好奇心驅使之下，總是天不從人願，剛清空的房間總是很快就又堆積如山，多了不少新東西出來。你買東西通常只為享受購物時的快感，常常剛買完就後悔了，買來的東西也常英雄無用武之地，不久之後就又被你丟掉。你也明白自己的缺點，只怪本性始終難移。強迫自己做投資或儲蓄，儘量不要上街，專心致力於工作，或可抑制一時的購物衝動

41～50分：奢華指數★★★★★

你是一個崇尚名牌的人，凡所用物品皆得高檔。對於生活，你也很懂得享受，無論居家配置，還是位置、顏色、感覺以及氣氛，你都致力追求完美。但在健康投資上面卻很保守，過於縮衣節食、挨餓受凍，很容易影響你的心情，造成情緒上的不穩定，嚴重者還有可能反映在生活及工作的表現上。

為什麼缺錢的總是你

看到身邊的朋友陸陸續續買房買車，而你的信用卡卻始終處在透支狀態，賺得不比別人少，存的卻沒別人多，想知道是什麼原因讓你如此窘迫嗎？下面這道測試能夠找出你缺錢的原因。

▫ 開始測試

七個顏色的信封，你直覺認為哪個信封裡會有一萬元？

A、白色　　　　B、綠色

C、紫色　　　　D、藍色

E、褐色　　　　F、黑色

G、紅色

▫ 測試結果

選A：貓頭鷹型

你很負責，特別是對於家庭重任，更是義不容辭地扛起。但是當你為別人考慮得太多時，就會發現，錢是存不下來的，因為衣食住行方方面面需要的費用實在不菲。

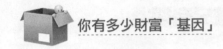

選B：白兔型

你內心深處非常善良，而且心很軟。如果親戚或者朋友有需要，你會毫不猶豫地盡己所能地去幫助，所以你的缺錢是因為太仗義和太善良。

選C：變色龍型

你往往不會苛刻自己，你覺得人生在世，如果自己都不對自己好點，那活著就更沒意思了。所以你通常按自己的想法來花錢，讓自己開心，然後荷包就扁了。

選D：獵犬型

你會為了理想而不顧一切，像獵犬一樣追求自己的目標。對你來說，為了夢想而散盡積蓄又有什麼不可以呢？

選E：駱駝型

你很保守，有錢的話，都會緊緊地捏在手裡。但是，你對於理財的理解，實在不大深刻，所以常常會因為投資不當而缺錢。唯一會讓你透過投資獲得金錢的可能，就是聽從好朋友建議，把一筆錢投資下去。

選F：黑豹型

你欲望很強，再加上不服輸的個性，很容易為了爭一口氣而破財。你在商店裡看中一樣東西，如果售貨員態度不好，你就會立即刷卡買下。

選G：孔雀型

你很愛面子，同時也很好強。對於你來說，千金可散，面子不可丟。而一旦多了幾次這樣的撐場面情景，你就缺錢了。

你骨子裡是個守財奴嗎?

你是一個一擲千金的人,還是一個樂於斂財的人?錢財在你的生命裡到底占了多重的比例,你會因財失義嗎?你是一個只樂於賺錢卻不怎麼花銷的人嗎?測測你到底有多愛財,下面就進入測試吧!

▫ 開始測試

1、你還在讀書的時候就開始賺錢了嗎?

A、Yes → 到第2題

B、No → 到第3題

2、你做過的兼職種類很多嗎?

A、Yes → 到第4題

B、No → 到第3題

3、在公共場合,你買的零食會禮貌性地分給別人吃嗎?

A、Yes → 到第4題

B、No → 到第5題

4、你經常和朋友一起出去玩嗎?

A、Yes → 到第7題

B、No → 到第5題

5、你即使相當疲憊也不會間斷工作?

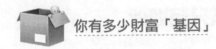
A、Yes → 到第6題

B、No → 到第8題

6、你挑選朋友很嚴謹？

A、Yes → 到第8題

B、No → 到第7題

7、你有很多想買的東西？

A、Yes → 到第13題

B、No → 到第9題

8、你經常在商店裡逛來逛去，最後回家的時候卻什麼都沒有買？

A、Yes → 到第9題

B、No → 到第11題

9、你花錢從來沒有超支過？

A、Yes → 到第10題

B、No → 到第11題

10、你經常有不想結婚，不讓對方介入你的生活的想法？

A、Yes → 到第12題

B、No → 到第11題

11、你會在某一天花特別多的錢嗎？

A、Yes → 到第13題

B、No → 到第12題

12、你春季和秋季買的衣服會比較多嗎？

A、Yes → 到第14題

B、No → 到第15題

13、你要去旅遊會選擇自助式而不是隨團？

A、Yes →到第16題

B、No →到第14題

14、你知道自己現在錢包裡一共有多少錢嗎？

A、Yes →到第16題

B、No →到第15題

15、你對周圍的人的家庭狀況和銀行利率很清楚嗎？

A、Yes →到 D

B、No →到 C

16、如果你和別人合租房子，你每次回家首先會去檢查自己的貴重物品嗎？

A、Yes →到 A

B、No →到 B

□ 測試結果

選A：

　　你是個徹頭徹尾的金錢至上者，對於身邊的人會很重視關於金錢方面的資訊。但是即便知道對方是很有錢的人，你也不會去趁火打劫或者巴結，因為你覺得那不是你的錢，你也許會因為有一個那樣的朋友而感到開心，所以算不上一個守財奴。但是對於你自己的錢，你可謂是錙銖必較地計算，絕對不會有弄錯的時候，而且亂花錢會讓你痛苦不已。

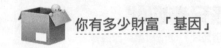

選B：

你絕對不是一個守財奴，而且你相當重視朋友和人際關係，所以對你來說，花錢是必不可少的活動。你對錢的看法雖然是越多越好，而且也毫不掩飾希望自己能夠變成大富豪的想法，但是其實本質上，你是一個只要有足夠的錢，能夠讓你和你愛的人過得很幸福就會覺得很幸福的人，所以金錢從來都不是你最重視的東西。

選C：

對於你來說，活得自我是最重要的。但是你並不是一個對物質要求很高的人，或者說你並不主張亂花錢，你會很平均地使用金錢，從某種程度上來說你很有守財奴的潛質。如果因為自己的生活主張而過度苛求自己，並且形成習慣，你很可能融不進別人的消費方式了。

選D：

很想要節省，但是常常超支──這可能是對你最恰當的形容了。你想要讓自己變成一個守財奴，但是就沒有你用不完的錢。你是一個隨性而行的人，看到想買的東西就沒有自制力了。你會因為想要賺錢去買更多想要的東西而去關注很多關於兼職之類的資訊，但是最後卻總是沒有完整地做下來。所以對於你來說，學會當一個守財奴，可能會是一個一直持續但是很難實現的願望。

你不該只有如此
測試自我能力的成功遊戲心理學

You Are More
Than This

你是否有一雙善於抓住財富的手

我們通常把管理財富的智慧和能力叫做財商，一個人如果擁有足夠的財商，就像擁有一雙善於抓住財富的手，那麼，你知道自己是否擁有一雙抓住財富的手嗎？

根據自身的實際情況，逐步回答下列問題。

▫ 開始測試

1、認為自己：

A、喜歡為別人奉獻——到第2題

B、喜歡讓別人為你奉獻——到第3題

2、認為十年後還會努力工作：

A、是——到第5題

B、不是——到第4題

3、認為有意義的工作，即使要你犧牲私人時間也無所謂：

A、 是——到第6題

B、 否——到第5題

4、認為購物比任何事都有趣：

A、 是——到第7題

B、 否——到第8題

5、如果一個人住，沒有錢的時候會：

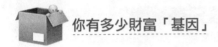

A、先回老家──到第8題

B、不分日夜地工作──到第9題

6、如果可以得到一筆鉅款，你想要：

A、一次領到一千萬──到第9題

B、每個月領十五萬，一共領10年──到第10題

7、和男生交往大多是：

A、自己主動喜歡上他──到第15題

B、對方喜歡上自己──到第11題

8、你要求交往對象的必備條件是：

A、男子氣概──到第11題

B、溫柔體貼──到第12題

9、你是屬於會在日常生活中尋求刺激的人嗎：

A、是──到第13題

B、不是──到第14題

10、小學高年級時的成績是：

A、好──到第20題

B、差──到第14題

11、想要住的是：

A、市中心的豪華大樓──到第17題

B、郊外的別墅──到第15題

12、在結婚對象的條件中，長相是不可缺的：

A、 是──到第18題

B、 否──到第16題

13、喜歡做家務：

A、是——到第19題

B、不是——到第18題

14、休假日大多在家裡：

A、是——到第20題

B、不是——到第19題

15、認為結了婚後，應該男主外女主內：

A、是——A型

B、不是——B型

16、即使交往對象是因為工作關係，必須和其他女性單獨吃飯也不能接受：

A、是——B型

B、不是——A型

17、對於弱者想要伸出援手：

A、是——C型

B、不是——B型

18、聽到大拍賣就會失去理性：

A、是——D型

B、不是——E型

19、是屬於不太相信他人的人：

A、是——F型

B、不是——E型

20、你經常會思考關於自己年老以後的事：

A、是——F型

B、不是——E型

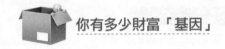

你有多少財富「基因」

▫ 測試結果

A型：對有錢人充滿了期待

你是很有感情的人，那種感情不管對異性還是對物質都是均等的。因此你自然會喜愛有錢人或可能會變得有錢的人，然後和他談婚論嫁。但有時候可能會看走眼。

B型：財富擁有量維持現狀

你認為將來結婚會以速配度或感情來選擇對象，不過本身獨立優秀的你，自然不會喜歡標準以下的男性。

C型：前途令人擔憂

你認為結了婚就會變窮，那不是因為你的能力有問題，而是你的個性就是會和現在窮困、未來窮困的男性結婚，不過如果努力工作或許能擺脫貧窮，但前途還是會多災多難。

D型：難瞭解金錢的價值

你已經覺察到要是想法不改變，結婚與否並不會改變人的命運。不瞭解金錢的價值，不管怎樣都不會有太大變化。

E型：善於打理的小富婆

結婚與否對你不會有太大影響，因為你具有處理金錢與物質的能力。

F型：信心十足，財運降臨

你認為成為有錢人要靠自己的努力，你有多姿多彩的人生。只要你有能力，一切盡在你掌握中，你的未來一片光明。

你是理財高手嗎？

　　理財並不是一件困難的事情，而且成功理財還能為你創造更多的財富。如果你不學習理財，終將面臨山窮水盡的窘境，回答下面十五個問題，算算你的得分，你就知道自己是不是理財高手了。

▫ 開始測試

1、你是否對自己的消費支出做事先的規劃？

A、不會

B、有時候

C、經常

2、你會預留資金作為應急用嗎？

A、不會

B、有考慮

C、會

3、在朋友的眼中，你是怎樣的一個人？

A、對錢沒有概念，花錢隨意

B、有時候會去揮霍一下

C、花錢謹慎，精打細算

4、你現在知道自己銀行戶頭的存款數嗎？

A、不知道

B、大約知道

C、知道

5、你經常存款嗎？

A、不常

B、有時候

C、經常

6、到了月底，你會發現：

A、口袋空空，不知道錢花哪去了

B、有時候能從眾多花費中，省出一部分累積存款

C、每月固定存一部分

7、當你有借貸需要時，你會：

A、直接和自己的往來銀行洽談

B、向朋友徵詢意見

C、比較利率及循環利息，選擇最佳管道

8、你知道目前積壓的信用卡帳款數嗎？

A、不知道

B、大約知道

C、很清楚

9、你的信用卡帳款：

A、一直在累計欠款中

B、有時會出現循環利息，下個月注意補上

C、通常會逐步增多

10、當你使用信用卡時，你會：

A、購買價格較高的產品，很少考慮身上是否有錢

B、與現金購物比較，心情放鬆多了

C、與用現金購物一樣謹慎考慮

11、你是否曾使用信用卡超過信用額度？

A、常常如此

B、有時候

C、不曾有過

12、當一件商品十分吸引你的目光時，你會：

A、毫不猶豫地買下來

B、考慮之後還是買了下來

C、仔細盤算是否應該買下來

13、當你計畫購買價格較高的產品時，例如電視機、冰箱等，你是否會貨比三家？

A、不會

B、有時候

C、通常如此

14、當你計畫一個假期時：

A、在帳單結算時，總超過自己的預算

B、允許自己享受一下豪華假期

C、會事先制定預算，在計畫內消費

15、在度假時，你是否曾有過花費超過預算的情形？

A、常常如此

B、有時如此

C、不會

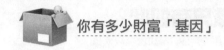
你有多少財富「基因」

▫ 評分標準

統計上述問題的答案，選 A 可得1分，選 B 可得2分，選 C 可得3分，計算你的總分。

▫ 測試結果

15～25分：

說明你是一個採購狂，應儘快開始制訂花錢計畫，聰明地選擇消費方式和理財方式。

26～35分：

說明你做得還不錯，將自己的銀行存款保持在最佳平衡狀態，只是還未發現某些更高明的理財手段。建議你審視一下自己的理財規劃，並試試更大膽的決策。

36～45分：

說明你是一個十足的理財高手，善於掌握財務風險，並能運用財務槓桿為自己創造財富。

你是理性投資者嗎？

傳統文化對勤儉節約歷來十分重視，對於個人和家庭的投資分配卻缺乏系統的理念。隨著歷史的步伐進入市場經濟時代，當代人很需要學習並掌握一些基本的投資理財的理念與方法，學會合理消費與投資，最大限度地分散投資風險。

下面是一組測試你投資心態的問答題，用以瞭解你的投資理性。請依序回答下列問題，根據你的實際情況或真實想法，在五個選項中選擇最適合你的答案。

▫ 開始測試

1、就業狀況：

A、未婚，已有工作

B、已婚，和配偶均有工作

C、已婚，你或配偶其中一人有工作

D、已婚，你與配偶均無工作

E、尚未成年或已年邁退休

2、年齡：

A、51～65歲

B、65歲以上

C、35～50歲

D、23～35歲

E、22歲以下

3、你曾因投資蒙受多少損失而開始感到非常不安？

A、40%以上

B、40%以內

C、30%以內

D、20%以內

E、10%以內

4、平均每月支出約占固定收入的：

A、30%以下

B、31%～50%

C、51%～70%

D、71%～100%

E、100%以上

5、你曾經投資於（可選多項，將選項得分相加）：

A、保險

B、基金

C、股票

D、債券

E、其他（外匯、收藏等）

6、預期每年的回報率：

A、5%以下

B、6%～10%

C、11%～15%

D、16%～20%

E、20%以上

7、你個人所實有的財產為（包括資金與物產）：

A、5萬元以內

B、20萬元以內

C、40萬元以內

D、80萬元以內

E、80萬元以上

8、希望達到投資目標的時間：

A、六個月～一年內

B、一年～三年內

C、三年～五年內

D、五年～八年內

E、八年以上。

9、你對投資工具（股票、債券、基金）的瞭解程度：

A、成功運用

B、比較熟悉

C、知道一些

D、不太瞭解

E、完全不瞭解

10、需供養人口的數目（含自己）：

A、4人以上

B、3人

C、2人

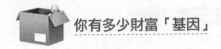
D、1人

E、0人

▫ 評分標準

題號	1	2	3	4	5	6	7	8	9	10
A	5	1	5	1	1	1	1	5	5	1
B	4	2	4	2	2	2	2	4	4	2
C	3	3	3	3	3	3	3	3	3	3
D	2	4	2	4	4	4	4	2	2	4
E	1	5	1	5	5	5	5	1	1	5

▫ 測試結果

10～15分：保守型投資者

保護本金不受損失和保持資產的流動性是你的首要目標。你希望投資收益極度穩定，不願承擔高風險，通常不太在意資金是否有較大增值，不願意承受投資波動對心理的煎熬，追求穩定。適合你的投資組合比例為：股票＝20%；債券＝35%；儲蓄＝35%；保險＝10%。

16～20分：觀望型投資者

穩定仍是你重要的考慮因素，希望投資在保證本金安全的基礎上能有一些增值收入，但常常因迴避風險而最終不會採

取任何行動，不會很明顯地害怕冒險，但承受風險的能力有限。適合你的投資組合比例為：股票＝30％；債券＝30％；儲蓄＝30％；保險＝10％。

21～40分：穩健型投資者

你渴望有較高的投資收益，但又不願承受較大的風險；可以承受一定的投資波動，但是希望自己的投資風險小於市場的整體風險，因此希望投資收益長期、穩步地增長。你有較高的追求目標，而且對風險有清醒的認識，但通常不會採取激進的辦法去達到目標，而總是在事情的兩極之間找到相對均衡的方法，因此通常能緩慢但穩定地進步。適合你的投資組合比例為：股票＝50％；債券＝20％；儲蓄＝20％；保險＝10％。

41～45分：成長型投資者

你專注於投資的長期增值，常為提高投資收益而採取一些行動，並願意為此承受較大的風險。你很有信心，具有很強的投資技巧和商業創造技能，知道自己要什麼並甘於冒風險去追求，但是通常也不會忘記給自己留條後路。適合你的投資組合比例為：股票＝65％；債券＝15％；儲蓄＝15％；保險＝5％。

46～60分：進取型投資者

你高度追求資金的增值，願意接受可能年年出現的大幅波動，以換取資金高成長的可能性。為了最大限度地獲得資金增值，你常常將大部分資金投入風險較高的品項。你非常有自信，追求極度成功，常常不留後路以激勵自己向前，不惜冒失敗的風險。適合你的投資組合比例為：股票＝75％；債券＝10％；儲蓄＝10％；保險＝5％。

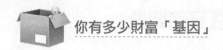

你屬於哪一種消費類型

你屬於哪種消費類型？你對金錢的看法將直接影響你對理財和投資的態度。想知道你對金錢及理財是什麼態度嗎？那就快來測試一下，看看自己屬於哪一種消費類型吧！

▫ 開始測試

一、購買打折商品型
下面有五道問題，請回答「是」或「否」：

1、你是否會不經過仔細的調查研究，就根據盛傳的小道消息進行投資，唯恐失去大賺一筆的機會？

2、你是否經常注意大拍賣的消息，而不是注意你的財政情況？

3、你是否會花大量的時間收集商家的優惠券，並用這些優惠券為你省錢？

4、當購買打折商品時，你是否首先想到你省了多少錢，而不是花了多少錢？

5、你是否有一些你從沒使用過的打折商品？

二、揮霍享受型
這裡有五道問答題，請回答「是」或「否」：

1、如果你因在賭博中贏錢而突然暴富，你會認為與其將這些錢用來投資不如用來享受嗎？

2、超支令你感到更有成就感嗎？

3、你同意「說錢不能買到快樂的人只是因為他們不知道到哪裡去買」的說法嗎？

4、當有人問你的財務情況時，你會感到緊張或有抵觸情緒嗎？

5、你認為信用卡是生活必備物品，並經常將卡刷爆嗎？

三、守財奴型

看看下面的五道問題，請答「是」或「否」：

1、錢是否與你成功的感覺密切相關？

2、你是否感到待在家裡數錢，勝過去任何地方度假？

3、你是否經常考慮錢的問題？

4、與花錢相比，節約每一分錢是否更讓你感到愉快？

5、當你花錢買一些生活必需品，例如你買個皮包時，你是否感到內疚？

▫ 測試結果

第一題：如果你有四個以上「是」，便是購買打折商品型的消費者

喜歡購買打折商品的人總是在尋找著能滿足個人需求的東

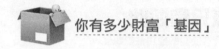

西，尋求最大幅度的折扣。買到令自己滿意的打折商品會很得意，但是當碰到更便宜的打折商品時，又會覺得吃虧。

第二題：如果你的回答中有四個以上「是」，便是揮霍享受型消費者

揮霍享受型消費者的信用卡是他們最好的朋友，無論到什麼地方，他們都會帶著卡。他們可能會有一群朋友，大家經常在一起談論高消費的情況，或者到高消費的地方玩，因此，他們拼命地工作賺錢，再享受錢帶來的樂趣。當他們感覺不好的時候，就會透過花錢來享受人生。

第三題：如果你答了四個以上「是」，便是守財奴型的消費者

守財奴型的人最愛他的錢。他的習慣就是省錢，他喜歡看著他的銀行存款數額不斷增長。他將錢安全地存在銀行中，從不考慮通貨膨脹這個隱形扒手會每天吞食他的錢。他看起來非常成功，但是有時他會擔心自己會比錢壽命長，以至於死的時候兩手空空。

你的「月光」指數有多高

　　所謂「月光族」，就是一到月底就把錢用光、花光的人，你是不是也是一個到月底就全「光」的人呢？你會不會成為一名「月光族」、「負翁」呢？進入下面的測試就可以知道答案了！

▫ 開始測試

1、如果你一個人生活，你會住下面哪一個房子？

Ａ、傢俱齊全的房子→第4題

Ｂ、全新裝修的房子→第2題

2、終於有了屬於你的家，你會怎麼佈置？

Ａ、擺滿小飾品的臥室→第5題

Ｂ、簡約樸素的佈置→第3題

3、在街上經過一家店，從櫥窗上看到一件心儀的衣服，但價格很貴，你會？

Ａ、為了它，就算勒緊褲帶也要買下來→第5題

Ｂ、安慰自己只要看看就足夠了→第6題

4、穿著剛買的新裝走在街上，突然發現有人竟然和你穿得一模一樣，你會？

Ａ、回到家後把衣服束之高閣，不再穿它→第7題

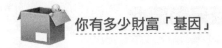

B、不在意，反正沒人認識自己→第8題

5、這個月有好幾個朋友過生日，你怎麼辦？

A、都為他們買禮物→第4題

B、只送幾個要好的朋友→第6題

6、最近新上市了一款MP3，功能外型正是你想要的，可是你原來的MP3還沒壞，你會？

A、必須要走在流行前線，買了它→第11題

B、忍住不買→第9題

7、一般情況下，你的逛街次數是？

A、一週一次→第10題

B、需要的時候才逛→第11題

8、你做事有計劃嗎？

A、有是有，但是往往實行不了→第9題

B、任何時候都要按計劃做→第7題

9、你有存錢的習慣嗎？

A、只有在夢中才會存錢吧→第12題

B、該花的花，該存的存→第10題

10、如果去旅行，你打算帶多少錢？

A、只帶隨身需要的錢，主要是用信用卡→第13題

B、儘量帶多點，這樣才能玩得盡興→第15題

11、大夥一起出去吃飯，你總是搶著買單？

A、不會，我總是讓別人請客→第13題

B、大家都是平均分攤，沒有誰請誰的→第15題

12、如果家裡沒人，你會怎麼打發你的晚餐？

Ａ、隨便泡個速食麵解決了事→Ｄ

Ｂ、在外面吃速食後再回家→Ｃ

13、你有以下哪種收藏愛好？

Ａ、明星的海報、ＣＤ、ＤＶＤ→Ａ

Ｂ、衣服、鞋子→第14題

14、商場最近正在促銷，你正好經過，促銷員拉著你推銷他們的新產品，你會？

Ａ、不勝其煩，快步離開擺脫他們→Ｂ

Ｂ、經常被說得心動，然後馬上就行動→第12題

15、旅遊回來，你常常是滿載而歸嗎？

Ａ、沒什麼可買的，空手而歸→Ｃ

Ｂ、去旅遊就是要花錢的，既然出來玩就要帶點紀念品→第14題

▫ 測試結果

Ａ：「月光」指數為★★★★★

外貌特徵　月初神采飛揚，衣著光鮮；月底蓬頭垢面，目光呆滯。

內在個性　易衝動，往往是衝動過後就會後悔；做事隨心所欲，缺乏計劃性；喜歡享受舒適的生活，多少有一些虛榮心，喜歡打扮自己，講究排場，追求流行，喜歡的東西會想辦法得到，一切跟著感覺走。

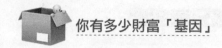

你有多少財富「基因」

行為動向 通常情況下，月初會積存充裕的零用錢，一拿到薪水便上街瘋狂「血拼」一番，屬衝動購物型，看到可愛的玩具、擺設或明星資料常不能控制自己的欲望，也不管以後會不會後悔買了這些可有可無的東西，打折換季的商場裡總少不了你的身影，銀行存款為零，再多的錢似乎都不夠你花。你的家裡想必是經過精心佈置吧，像這樣的花錢如流水，結果一到月底往往是囊中羞澀，只能吹冷風，吃泡麵。

B：「月光」指數為★★★

外貌特徵 面善心慈，眼光閃爍。

內在個性 缺乏主見，過於為別人著想而苦了自己，看重自己在別人心目中的形象，缺乏持之以恆的毅力，缺乏計劃性，不太會理財。

行為動向 雖然心裡清楚不應該毫無節制的花錢，卻很容易因朋友的鼓動或商場促銷員的勸說，而改變自己本打算不花錢的想法，最後掏出了腰包。平時朋友宴席應酬比較多，不想去但又不能不去，在其他方面不太花錢，不過銀行存款仍然為零，有多少花多少。到了月底雖然不至於兩袖清風，但不請自來，白吃人家一頓的尷尬時刻時有發生。

C：「月光」指數為★★

外貌特徵 衣著整潔，不注重名牌，必有一本記帳本。

內在個性 做事有計劃性，不會衝動購物，理智常戰勝情感，能夠堅持自己的立場，清楚自己所需，不會盲目跟風或與

人攀比。雖然花錢比較理智，但對朋友不會吝嗇，重情意。

行為動向　面對流行時尚不為所動，能夠理智地購物，只買所需物品，不做能力不能及的消費，該花錢的地方不吝嗇，不該花錢的地方會節約，通常有一個家用支出表，有自己固定的消費重點，到商場不會左顧右盼，找到自己要買的東西便走，不喜歡流連，商場的促銷員遇到你也只能敗下陣來，因為你的理智常會讓你不做衝動的事情，買東西只買對的不買貴的，每月都會定期把錢存入銀行。

D：「月光」指數為★

外貌特徵　衣著與普通人相似，巧婦居家型，未來的富翁。

內在個性　你講究原則，對自己的要求很嚴格，考慮問題不僅僅從眼前的利益著眼，而且從自己的未來規劃著眼，所以你有當富翁的潛質。但有時個性過於偏執，對任何事情都斤斤計較，精打細算，遇到有關錢的問題便很敏感，常給人不近人情、小氣的感覺。

行為動向　明白錢來之不易，每月到月底都還剩餘很多零用錢，平時省吃儉用，買東西都儘量挑便宜的，貨比三家，是砍價的高手。能合理安排自己的生活，一般只買生活用品，其餘的花費都不太捨得花。有存錢的習慣，並常會為將來打算，生活比較單調，迫不得已出去和朋友聚會或旅遊，都會時刻考慮自己的荷包，不輕易花一分錢。

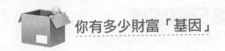

你有多少財富「基因」

你有賺大錢的能力嗎？

每個人對金錢的敏感度都不一樣，有的人很有經濟頭腦、具有很強的理財意識，他們往往能迅速累積起大量的財富，你的賺錢能力如何呢？下面的問題請用「是」或「否」來回答。

▫ 開始測試

1、買東西時，會不由自主地算算賣家可能會賺多少錢。

2、如果有一個能賺錢的項目，而你卻沒有錢，你會去借錢投資。

3、在購買大件商品時，經常會計算成本。

4、在與別人討價還價時，會不顧及自己的面子。

5、善於應付不測的突發事件。

6、願意下海經營而放棄拿固定的工資。

7、喜歡閱讀商界人物的經歷。

8、對於自己想做的事，就堅持不懈地追求並達到目的。

9、除了當前的本職工作，自己還有別的一技之長。

10、對於新鮮事物的反應靈敏。

11、曾經為自己制訂過賺錢計畫，並且實現了這個計畫。

12、在生活或工作中敢於冒險。

13、在工作中能夠很好地與人合作。

14、經常閱讀或收看財經方面的文章。

15、在股票上投資並賺錢。

16、善於分析形勢或問題。

17、喜歡考慮全面性與長遠問題。

18、在碰到問題時能夠很快地決策。

19、經常計畫該如何找機會去賺錢。

20、做事最重視的是達成的目標與結果。

▫ 評分標準

回答「是」記1分，答「否」記0分，累計得分。

▫ 測試結果

0～11分：

你在準備投身於某一個項目之前，不妨再學習或訓練一下自己的賺錢技巧吧！

12～20分：

這意味著你已經具有一定的賺錢心理基礎了，可能你還具備了較強的賺錢能力，你可以考慮選擇一個項目大膽地去做。

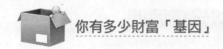

你有多少財富「基因」

什麼會是你追求財富的犧牲品

在你的潛意識裡，你知道自己會為了錢犧牲什麼嗎？做完下面的測試，答案就會呈現在你面前。

▫ 開始測試

想像你的某個夢境中，魔法師交給你一個盒子，對你說：「這個盒子裡裝了一個會阻礙你發財的東西，你絕對不能打開它，也不可以對別人提起！」那麼你會把它藏在哪裡呢？

A、書架後面

B、壁櫥最深處

C、埋在庭院裡

D、化妝鏡後面

▫ 測試結果

選A：

書架象徵著知性、才能和工作，你是個可以為錢拋棄自己感興趣的工作的人，放棄喜歡的專業，在豐厚的薪水中享受收穫的樂趣。

選B：

壁櫥是熟人最不容易看到的地方，是家人才知道的祕密場所，象徵家庭的牽絆，也就是表示你會為了錢可以不惜與家人分開，獨自背井離鄉去遠方探險。

選C：

庭院是個開放的場所，代表著輿論。所以你可以做一個為錢而不顧眾人眼光的人，你也很容易因此失去朋友。

選D：

鏡子代表你自己，為了錢你可以不管自己變成什麼樣子，甚至不擇手段。

你有多少財富「基因」

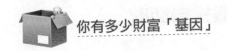# 你能否實現自己的發財夢

錢在當今社會是不可或缺的，沒有錢，寸步難行。你一定無數次地夢見自己的枕邊有黃金萬兩吧？

你的黃粱美夢是終將實現呢？還是會被現實擊得粉碎？做個測試看看吧！

▫ 開始測試

一個垂暮的老人獨自站在高樓的窗前眺望窗外繁華的街道，你猜他在看什麼呢？

A、停在街道旁的名車

B、不停閃爍的紅綠燈

C、熱戀中的情侶

D、路旁高大茂密的樹

▫ 測試結果

選擇A：

財富是你畢生最大的追求。你是一個拜金主義者，總是在憧憬和渴望幸福豪華的生活。你有很好的理財觀念和能力，是

個很有辦法的人，為達到致富的目的，甚至不擇手段。

選擇B：

你很少做關於錢財的白日夢。你是個規規矩矩的人，膽小而懦弱，做事謹慎，你絕對不會想到靠賭博或者買彩券一夜暴富。你要發大財很難，但是可以做一些財會工作，在這方面，你的才能和特長就能發揮出來了。

你是依靠高薪致富的人，跟你一起生活會穩中有升，是個不錯的考慮對象。

選擇C：

你發財的欲望不是特別強烈，也許只是停留在想想而已的層面上。因為你太樂觀，所以把發財夢想得太簡單，現在你要做的就是把致富的目標定得低一點，切合實際一些。

你非常注重人際關係，交了許多朋友，是個標準的樂觀主動的人，性格開朗、坦誠，沒發財也不要緊，朋友也是一筆珍貴的財富嘛！

選擇D：

你總把自己的發財夢控制在最近能夠實現的範圍內，所以你很少驚喜也很少失望。你是個很現實的人，總是把目標定得不高不低，容易實現，這種做法是非常可取的。這最根本的原因是你誠實，腳踏實地，不張揚、不武斷，對待上司忠實而認真，是個不錯的副手。

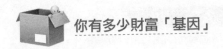

金錢焦慮症離你有多遠

愛錢之心，人皆有之。不喜歡金錢的人可以說少之又少，但每個人對金錢的態度卻又不盡相同。有人會盡情享受，有人卻惜財如命；有人因害怕失去金錢而焦慮不堪，有時甚至會嚴重到害怕賺錢或擁有金錢的地步，專家學者將這種狀況稱為「金錢焦慮症」。在某種程度上，你是否也存在著對金錢焦慮的這一狀況呢？不妨試著做做下面這個測試，看看你的金錢焦慮指數有多高。

▫ 開始測試

測試包括十九個題，每個題都與關心金錢的態度有關。選一個最適合自己態度的答案。

A、從來不

B、有時候

C、常常

D、經常

寫下正確號碼。全部作答完畢，再根據記分方式算出總分。

【 】1、我擔心賺錢會使自己迷失了人生方向。

【 】2、我擔心朋友若知道我有錢，會向我借錢。

【 　】3、我擔心如果我賺太多錢，我會扯進複雜的稅務問題。

【 　】4、我擔心不管我賺多少錢，永遠也不會滿足。

【 　】5、我擔心如果我有很多錢，別人喜歡我是因為我有錢。

【 　】6、我擔心錢會使我沉溺於我所有的惡習。

【 　】7、我擔心如果我賺的錢比朋友多，他們會嫉妒我。

【 　】8、我擔心如果我大把大把地賺錢，錢會控制我的生活。

【 　】9、我擔心如果我有錢，別人一有機會就想欺騙我。

【 　】10、我擔心錢會成為我追求真理的障礙。

【 　】11、我擔心如果我有很多錢，我會一天到晚害怕失去它。

【 　】12、我擔心錢會使我變得貪婪，並且過分的野心勃勃。

【 　】13、我擔心管理為數不少的錢，會無故的對我造成負荷壓力。

【 　】14、我擔心如果我賺了很多錢，我會失去工作的意願。

【 　】15、我擔心如果我有很多錢，我會利用錢去占人家便宜。

【 　】16、我擔心擁有很多錢會使我的生活不再單純。

【 　】17、我擔心金錢真是萬惡之源。

【 　】18、我擔心擁有大量的金錢，會使我陷入失敗的境地。

【 　】19、我擔心我沒有能力處理巨額的錢財。

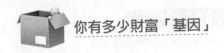

你有多少財富「基因」

▫ 評分標準

　　以上問題，選A得1分，選B得2分，選C得3分，選D得4分。

▫ 測試結果

19～23分：焦慮指數★

　　雖然焦慮指數低與成功有關，得分太低卻可能顯示這種人缺乏雄心。焦慮指數低但處於可控制的程度，表示具有可改變或改善生活的良性關係。如果你得分很低，很可能是因為你對現狀太過滿足，充滿信心而沒有金錢焦慮，或者你是想避免遭遇錢財問題而做必要的改變，究竟是哪一種原因，得好好問問自己。如果是第一個原因，恭喜了，金錢焦慮根本不會阻礙你的成功。

24～30分：焦慮指數★★

　　你對現有的金錢狀況頗感舒適，商業知識廣博，相信自己可以完全把握成功的機會，並對成功地處理金錢問題頗有信心。你能正面看待自己的目標，能承擔必要的風險，進而邁向自己所希望的未來。

31～36分：焦慮指數★★★

你對金錢在生活中所扮演的角色感到不確定。你認為，金錢會引起別人的關注，取得和持有都會令你擔心。如果你的焦慮會驅使自己去控制好錢財，就可能步上成功之路，如果你老是想逃避錢財風險，整天因為沒有安全感而害怕，你的焦慮就會阻礙進步。你可能會被焦慮所誤，但只要你願意，你還是可以做到自我控制，邁向成功。

37～52分：焦慮指數 ★★★★

你幾乎很難去享受自己所擁有的錢財。而且，你的焦慮會使你的挑戰毫無回報可言，因為你覺得成功只會帶來害怕失去（成功）的焦慮。很多情況下，你會把自己隱藏在一些過度保護性的行為裡，諸如強制性的儲蓄，或不信任他人。偶爾，你也會失去防衛，以不太恰當的方式和外界接觸，不過，萬一接觸失敗，就會加深你的焦慮。焦慮指數過高的人，往往很難取得成功。

53～76分：焦慮指數 ★★★★★

你需要趕緊尋求解除焦慮的方法了，必要的話還得去尋求專業的治療。焦慮指數極高會令人萬念俱寂，不想追求任何目標。你對周圍的人根本無法相信，不可能享受成功所帶來的任何樂趣。最重要的是，你幾乎不可能取得成功，因為焦慮指數太高，則必須對此付出同樣高的代價。

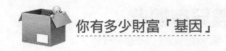

你有多少財富「基因」

你未來的財富看漲指數

現實生活中，累積財富似乎成為我們大多數人工作的首要目的，人們羨慕已經富裕起來的人，更期望自己也能很快「富」起來。你想知道自己未來的財富看漲指數嗎？若想知道的話，就快來做下面的測試吧！

開始測試

假如有一天你早上醒來發現自己被外星人抓走，你會？

A、求他們放自己走

B、與外星人拼死搏鬥

C、想辦法逃走

D、裝死

測試結果

選A：財富看漲指數★

你做事情非常專注，總希望能做到更好，所以，只要你能把自己分內的事情做好，總有一天你就會成功。

選B：財富看漲指數★★

你做事果敢，敢於冒險，這種性格在職場上不是大贏就是大輸。只有學會控制風險，財富才能穩步增長。

選C：財富看漲指數★★★

你是一個非常勤奮的人，只要有機會就會學習一些實用的工作技能，一旦時機成熟，你一定會令人刮目相看的。

選D：財富行情看漲指數★★★★

你有非常高的IQ和EQ，懂得分享和包容，這會讓大家覺得你不僅事業會取得成功，而且做人也非常沉穩。

要想成為富人，就必須勤奮而不能懶惰，因為思想上不求上進的人或什麼都不想做的人，永遠都不會成功。另外，獲得成功還需要勇敢，一旦有了好的創意立刻全心全意投入，付諸實踐，並堅持到底，而不是畏首畏尾，拖拖拉拉，半途而廢。

但是這種冒險不是盲目的，而是建立在周全的考慮和全盤的計畫基礎之上。

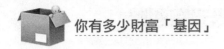

是什麼阻礙了你發財致富

據統計，世界上95%的財富掌握在5%的富人手中。如果把這些錢平均分給每一個人的話，那麼，五年之內，它們還是會流入富人的口袋。

為什麼會出現這種現象呢？阻礙你發財致富的因素是什麼呢？想知道答案就做做下面的測試吧！

▫ 開始測試

夜深人靜，寒風凜冽。這一夜，你剛和戀人分手，再加上工作不甚如意，彷彿一切不幸都降臨到你身上。你無奈地走到公園呆坐，但有一些不太順眼的事（人）物出現在眼前，使你更添惆悵。

假如以下四項中的一項可以從你的視野中消失，你會選擇哪一項？

A、花壇

B、秋千

C、狗

D、小男孩

▫ 測試結果

選A：

你是個不易把心事吐露給別人的人，多和別人溝通交流會有助於你發財。

選B：

你是個心直口快的人，想說什麼就說什麼，因此很容易得罪人，這會阻礙你發財。

選C：

你是一個大而化之的人，不會很細心地為別人設想，因此別人會覺得你有點自私，請多體諒別人一點。

選D：

你在別人面前總是隱藏自己的本意，並且太在乎別人對你的看法，請多表現真正的自己。

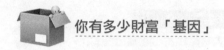 你有多少財富「基因」

 # 財神何時到你家

也許你目前正處於鍛鍊自我、提高能力的階段,雖有壯志,卻無錢財,那你也不必著急,只要你掌握了累積財富的方法,何愁不發財呢?先做個測試吧!每題共有三個選項:A是;B不知道;C否。選擇適合你的一項。

▫ 開始測試

1、你經常買彩券嗎?

2、你喜歡吃甜食嗎?

3、你喜歡打麻將嗎?

4、你喜歡說些令人吃驚的話嗎?

5、你的體重適中嗎?

6、你常去商店買打折的物品嗎?

7、小時候你擁有許多玩具嗎?

8、你的親友有人經商嗎?

9、你看到想要的東西一定要得到嗎?

10、你喜歡追逐時尚嗎?

11、你能獨自一人完成一項任務嗎?

12、你從小到大從未缺過錢嗎?

13、在銀行有你的戶頭嗎?

14、你很少借錢給別人嗎？

15、你覺得自己很聰明嗎？

16、你會同意以分期付款的方式買房、買車嗎？

17、你每日都去儲蓄嗎？

18、你願意為了大局而犧牲小的利益嗎？

19、你會在公共場合撿起一角錢嗎？

20、你從沒做過遺失錢或被搶劫的夢嗎？

▫ 評分標準

選Ａ計3分，選Ｂ計2分，選Ｃ計1分，最後匯總分數。

▫ 測試結果

20～30分：花錢如流水型

你的一生不會有太多的儲蓄。不是不能賺錢，而是不能存錢，「得過且過」、「今朝有酒今朝醉」這種觀念根深蒂固，只圖眼前的享受，不為以後著想，絲毫沒有儲蓄的念頭。

計畫用錢，減少開支，對你而言是件痛苦的事；用錢大方，大量送禮贈物，這樣會讓你覺得很開心。很少考慮自己，常為別人而大肆揮霍，來滿足自己的虛榮心。不過你確有賺錢的能力，跟用錢一樣。能大量用錢也能大量賺錢，換句話說，

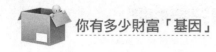

你是屬於高收入、高支出的類型。吃、喝、玩、樂不愁沒錢，也不會陷於拮据。25歲到35歲間，賺錢、花錢最為顯著，這時候若能好好存錢，不過分揮霍，應該會有安適的晚年生活。

這類人因有賺錢的本領，若能牢記「節儉」的原則，也可成為一方首富。

31～40分：老來有財運型

你小時候可能非常缺錢用，連零用錢也是少之又少，不過在二十歲、三十歲後，隨著年齡的增長，你也越來越能賺錢，而且你本身又不太浪費，也不隨便向人借錢。對於錢財，你會謹慎使用，參加投資事業首先考慮的就是不動產股份公司、儲蓄銀行等事業。有關可獲大利潤但容易遭遇大虧空的投機業、賭博業，你不屑一顧，絲毫沒有興趣。

不過你必須按部就班、腳踏實地去賺錢、存錢，相信你會有比普通人多存好幾倍的機會。如果你賺錢後就急著去揮霍，就不可能成為大富翁。四十歲左右是你賺錢的大好時機，投資金屬、寶石和不動產等，甚至獨自經商，都是賺大錢的良機，成為億萬富翁也有可能。結婚時應該慎選配偶，善於理財的才是你的好對象，並因此可以脫離貧困的窘境。即使喪失了這些良機，成不了億萬富翁，也能成為小財主，可以過著舒適、不愁物質享受的晚年。

41～50分：缺乏財運型

因為目前你缺乏財運，自小就沒有財神爺光顧，心中最好

不要存有賺大錢的念頭，也不能從事投機事業，否則不但賺不到錢，反而會吃不完兜著走的。

年輕時沒財運，財神爺久久沒有降臨，從兒童時代起就缺乏金錢的栽培，對錢也不重視，袋子裡或錢包裡從沒有可觀數目的餘錢，可以說是兩手空空、家徒四壁的人。大約二十七、八歲才會有金錢，生活上不再有愁錢的困境，但一接近三十歲又再度面臨缺錢的困境，也不可能得到雙親的接濟。

這種類型的人在三十歲到四十歲之間較有財運，這時期一旦沒有把握，過了五十歲想賺錢就更難了，反會為此受自己兒女或家人怨恨，對你敬而遠之，因而孤獨晚年。所以你一生中存錢的唯一良方就是節儉，盡可能存錢，盡可能有計劃地用錢，絲毫也不能浪費。在通貨膨脹時期賺了錢，與其儲蓄不如購置不動產來求穩固。這種存錢的方式是有些辛苦，不過你的一生會很平安。社會變動激烈或經濟混亂，最能發揮你賺錢的本領，孜孜不倦地賺錢，該用則用，該省則省，因此而能擁有幾百萬元的人也為數不少。

51～60分：財運滾滾型

不會滿足於平凡生活，憧憬飛黃騰達。雖有過分的欲望，可是不會遭遇嚴重的不幸。你是財運高照的類型，抱著與其孜孜不倦賺錢、存錢，不如意外發大財的想法。你的性格決定了你三十歲左右適合自己開工廠、製造商品，而且這種產品並非一般人能注意到，由於沒有競爭者，因此大賺其錢。女孩子也跟男孩子一樣，能經營商業致富。婚後丈夫也可成巨富，這時

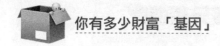

期剛好是財運高照的時候，要是有更高明的手腕，成為巨富並非不可能。

這種在不知不覺間致富的機會，換成他人，反而是一大風險。不過在三十歲左右所賺的錢，也容易大量花費在異性身上，不過也不會為此而弄得人財兩空。你一缺錢，就會設法賺錢，到五十歲財神爺再度降臨，做任何事都能一帆風順，生活上不會有拮据的困境。過了六十歲，花掉的金錢雖想再賺回來，但已身不由己了，所以要為你的晚年生活留條後路。

你是天生的富貴命嗎？

如果你是天生的富貴命，那麼就好像財神進家門，擋也擋不住。想知道自己是天生的富貴命嗎？完成下面的測試就知道了。

開始測試

如果你有足夠的錢來裝修房子，你會把最多的錢用來裝修房間的哪一處？

A、浴室

B、客廳

C、廚房

D、臥室

測試結果

選擇A：

你的財運很好，做什麼工作都賺錢！你看起不像是會成為大富翁的人，但是人不可貌相，你偏偏最有機會成為大富翁，而且註定會有貴人相助。

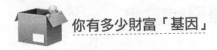

選擇B：

你天生有致富的命，可惜不太會把握。回想一下自己對待錢的態度，別太注意「表面工夫」，要考慮收支平衡！其實你是財運不差的人，別一直偷懶，放棄可以賺錢的機會。如果總是亂花錢，你的財神爺會生氣的哦。

選擇C：

你平時總是很大方，不計較細枝末節，所以看起來像是會成為大富翁的人，但是也許機不逢時，你偏偏註定要為窮所困。你的財運不好，改變一下你的工作態度，也許會有轉機。

選擇D：

你是窮不了的，只是還稱不上是大富翁。你會在與外界的交往上花費不少的錢財。或許目前你的財務狀況還談不上大富大貴，但你總是口袋快見底時又剛好有適時的補充，所以不必擔心你的口袋會空空。

part 4

全方位透視你的社交潛能

現代社會裡，任何人都逃避不了應酬交際，

沒有人與人之間的交往，世界將成為一片荒涼的沙漠。

交往給人帶來幸福和歡樂，

俗話說，「二十幾歲靠能力，三十幾歲靠交際」，

良好的交際能力是我們生活和事業成功的助推器。

那麼在社交中你屬於哪類人呢？本章的測試將告訴你答案。

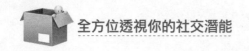

你是人氣大王還是邊緣人物

「人緣」即是指跟上司、群眾、同事、朋友的關係,那麼你的人緣怎樣呢?請你根據自己的實際情況,對下面十五個問題如實回答,然後對照後面的分數統計表計算分數,再看分數評語,你就會知道自己是否善於交朋友,以及人緣如何了。

▫ 開始測試

1、當你有問題的時候,你是不是:

A、通常感到自己完全能夠應付這個問題

B、向你所能依靠的朋友請求幫助

C、只有問題十分嚴重時,才找朋友

2、下面哪一種情況對你最為合適,或者最接近你的實際情況:

A、我通常讓朋友們高興地大笑

B、我經常讓朋友們認真地思考

C、只要有我在場,朋友們會感到很舒服、愉快

3、假如朋友對你惡作劇,你是否:

A、跟他們一起大笑

B、感到氣惱,但不溢於言表

C、可能大笑,也可能發火,這取決於你的情緒

4、當你休假的時候，你是否：

A、很容易交上朋友

B、比較喜歡自己一個人消磨時間

C、想交朋友，但發現這不是一件很容易的事

5、假如讓你應邀參加一次活動，或者在聚會上唱歌，你是否：

A、找藉口不去

B、很有興趣地參加

C、當場就直率地謝絕邀請

6、在下面的三種品質中，你認為哪一種是你的朋友應該具備的：

A、使你感到快樂和幸福的能力

B、為人可靠，值得信賴

C、對你感興趣

7、你和朋友們在一起時過得很愉快，是不是因為：

A、你發現他們很有趣，既愛玩又會玩

B、朋友們都很喜歡你

C、你認為你不得不這樣做

8、你和朋友的關係一般能維持多長時間？

A、一般情況下很多年

B、有共同感興趣的東西時，也可能一起待幾年

C、一般時間都不長，有時是因為遷居別處

9、你是否發現：

A、你只會跟那些能夠與你分擔憂愁和歡樂的朋友們相處

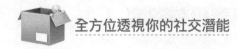

得很好

B、一般來說，你幾乎和所有人都能相處得融洽

C、有時候你甚至和對你漠不關心、不負責任的人都能相處下去

10、當你的朋友有困難時，你是否發現：

A、他們馬上來找你幫助

B、只有那些和你關係密切的朋友才來找你

C、通常朋友們都不會麻煩你

11、當你安排好見一個朋友，但你感到很疲倦，卻不能讓朋友知道你的這種狀況時，你是否：

A、希望他會諒解你，儘管你沒有到朋友那邊去

B、還是盡力去赴約，並試圖讓自己過得愉快

C、去了朋友那邊，並且問他如果你想早點回家，他是否會介意

12、假如朋友想依賴你，你有什麼想法？

A、在某種程度上會不在乎，但還是希望能和朋友保持距離，有一定的獨立性

B、很不錯，我喜歡讓別人依賴

C、我對此持謹慎的態度，比較傾向於避開可能要我承擔的某些責任

13、你要交朋友時，是不是：

A、透過你已經熟識的人

B、在各種場合都可以

C、僅僅是在一段較長時間的觀察、考慮，甚至可能經歷

了某種困難之後才交朋友的

14、對你來說,下面哪個是真實的?

A、我喜歡稱讚和誇獎我的朋友

B、我認為誠實是最重要的,所以我常常不得不持有與眾不同的看法,我討厭鸚鵡學舌

C、我不奉承但也不批評我的朋友

15、一位朋友向你吐露一個非常有趣的個人問題,你是否:

A、盡自己最大努力不讓別人知道它

B、根本沒有想過把它傳給別人聽

C、當朋友一離開,你就馬上找別人來議論這個問題

▫ 評分標準

題號	1	2	3	4	5	6	7	8	9	10
A	1	2	3	3	2	3	3	3	1	3
B	2	1	1	2	3	2	2	2	2	2
C	3	3	2	1	1	1	1	1	3	1

題號	11	12	13	14	15
A	1	2	2	3	2
B	3	3	3	1	3
C	2	1	1	2	1

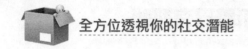

全方位透視你的社交潛能

測試結果

15～25分：

那就太糟糕了！你很可能是一個孤僻的人，不活躍、不開朗、喜歡獨來獨往。但是，這一切並不意味著你不會交朋友，更不能武斷地說你人緣差。其主要原因在於，你對於社交活動，對人和人之間的關係不感興趣。但是請你記住，一個人生活在社會中，就不可能不和人交往，認識到這一點，你就會積極地改善自己的交友方式了。

26～35分：

你的人緣不怎麼好，你和朋友們的關係不牢固，時好時壞，經常處於一種起伏波動的狀態。這表示，你確實想讓別人喜歡你，想多交一些朋友，儘管你做出很大努力，但是別人並不一定喜歡你，朋友跟你在一起可能不會感到輕鬆愉快。你只有認真堅持自己的言行，虛心聽取那些逆耳忠言，真誠地對待朋友，學會正確地待人接物，你的處境才能得到改善。

36～45分：

你對周圍的朋友都很好，你們相處得不錯。而且，你能夠從平凡的生活中得到很多樂趣。你的生活是豐富多彩而且充實的，你很可能在朋友中有一定的威信，他們都很信任你。總之，你會交朋友，你的人緣很好。

你對朋友的坦率指數

無論世界如何改變，以真心換真心是永遠的真理。虛情假意獲取能夠換來一時的好感，卻得不到長久的信任。想知道自己對朋友有幾分真心嗎？請做下面的測試！

開始測試

假如今天你和朋友一同出遊，卻意外收到一束漂亮的花，回家之後你將會把它放在哪裡呢？

A、灑滿陽光的窗臺邊

B、門口玄關處

C、鋪著花格子桌中的餐桌上

D、乾淨的洗手間

測試結果

選A：對待朋友的坦率指數為80%

和煦的陽光，透過窗戶的玻璃射向屋內的每一處，窗臺邊正好是屋內日照最佳的地方，象徵著你積極開朗、坦率純真的一面。這當然也會直接反映在你和朋友之間的相處上，所以今

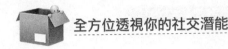

天的你絕對不會無聊到想要耍心機，你營造的和善氣氛，也將
會帶動周遭的朋友對你友好示意呢！

選B：對待朋友的坦率指數為60%

玄關向來是一個家中對外的最大出口，是進門看到的第一
個地方，也是我們歡迎朋友的入口，有著非常濃厚的社交意
味。選擇門口，其實就是說明了今天的你雖然表面上看來親切
友善，不過內心想法可不太踏實，社交敷衍的言辭居多，真心
話卻少得可憐。你雖然有權選擇你想說的話，但是小心被朋友
輕易識破你的不誠懇。

選C：對待朋友的坦率指數為99%

今天的你心情很興奮，甚至興奮到有點過於天真，就像桌
布一樣，毫不保留地將自己赤裸裸地攤在朋友面前，完全沒有
隱藏。你對於朋友的話深信不疑，有什麼提議也會立刻贊同，
不想先用大腦過濾一下，甚至會被一些七嘴八舌的意見搞得頭
昏腦脹的。提醒你，對那些可能會使壞的人，可要多加小心，
提防一下才是！

選D：對待朋友的坦率指數為20%

洗手間向來是較為私密的空間，也是最不明顯的角落。會
選擇放在洗手間的你，就有點意味著此時此刻只想將所有的心
事隱藏起來，一點也不想讓人看出你在想些什麼，而洗手間的
燈只會在使用時才打開，這就表示你只想獨享一些私人感受。

你是融入新圈子的高手嗎？

不同的圈子決定著不同的生活態度，你對未知圈子的生活感到好奇嗎？你想探索另一個世界嗎？現在就來測測你的人際關係融合度吧！看看自己是否容易融入別人的圈子！

▫ 開始測試

1、獨自在寢室裡，接到一通找你室友的電話，對方以為你就是他要找的人，沒等你開口就在那邊滔滔不絕，你會？

A、禮貌地告訴他你並不是他想要找的同學，並且請他留言，稍後你會替他轉告

B、告訴他你並不是他要找的人，然後掛掉電話

2、下晚自習回到寢室時，你恰巧聽到同寢室的兩個人在抱怨你，你會怎麼辦？

A、不理他們，洗漱完就休息

B、故意問他們：「你們在說什麼呢？」

3、你突然聽說自己心儀的人有了男（女）朋友，你會有什麼樣的反應呢？

A、很想知道那個人是誰

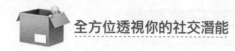

B、覺得很沮喪，有一種莫名的失落感

4、你的好友要過生日了，並且邀請你去參加他的生日聚會，那麼你會如何打扮呢？

A、考慮了一下，還是決定和平時一樣

B、拿出一點積蓄，買一件新衣服

5、好友過生日時，你通常會怎樣把禮物送給他呢？

A、在大家一起為他過生日的時候，出其不意地拿出禮物送給他

B、把禮物包裝得很漂亮，悄悄遞給他

6、生日聚會上唱卡拉ＯＫ，大家爭先恐後地一展歌喉，你會如何呢？

A、心裡想，反正自己也不唱，就和沒唱的朋友一起聊天

B、一邊為別人的歌聲喝彩，一邊忙著挑自己想唱的曲目

7、深夜，聚會結束後你獨自回家，忽然看到路邊有一隻小狗，這時候你心裡會想？

A、只顧趕路，可能沒什麼感覺吧

B、好可憐的小狗，是不是迷路了

8、你買彩券中獎了，首先會怎麼做？

A、當然先把獎金存進銀行

B、馬上請朋友出去痛快地玩一次

9、你不想借錢給朋友，於是？

A、直接拒絕

B、藉口說自己正需要錢

10、病癒出院的同學回到教室，你會？

A、向他打招呼，並且詢問他的身體狀況

B、主動走上前去，幫他拿東西

評分標準

題號	1	2	3	4	5	6	7	8	9	10
A	0	0	1	1	0	0	0	1	1	0
B	1	1	0	0	1	1	1	0	0	1

測試結果

0～2分：

你可以很快地融入別人的圈子

因為你性格活潑，想哭就哭，想笑就笑，常常給大家帶來歡樂，所以能吸引身邊人的目光。如果你想融入某個圈子的話，實在是太容易不過的事情了！雖然你並不喜歡刻意地表現

125

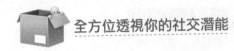

自己，卻會讓人不自覺地記住你！

3～5分：
只要你願意，你就能融入別人的圈子

你是個全憑心情辦事的人，融入別人的圈子對你來說並不是很難，只要你願意！你的個性鮮明，所以常會成為別人聊天的話題，或許你還不知道，但等你知道的時候，你已經成為他們中的一員了，你是一個很受大家歡迎的人！

6～8分：
知己知彼，才能順利融入別人的圈子

你的性格比較保守，不愛出風頭，不容易被別人注意到，卻能與每個人和睦相處，算是個高明的社交家！如果你想要接近別人，那麼最好的方法就是先瞭解對方，然後由朋友介紹，這可是萬無一失的好方法！

9～10分：
你是個很孤立的人，對別人的事你沒興趣

你是個孤立的人，不喜歡被突顯出來，不擅長與人交往，對別人的事你沒興趣，而且你也不喜歡說關於自己的事，所以要不要融入別人的圈子對你來說，不是一件重要的事，重要的是你自己能夠自得其樂，過得開心。

你讓別人感到不安和害怕嗎？

每個人都可能認識具有攻擊性的人，而每個人都認為自己是平和的。但是我們不都是綿羊，其他人也不都是野狼。這個測試能告訴你，你是否在無意中讓別人感到不安，使別人感到害怕。

▫ 開始測試

1、你有一個同事病得很嚴重，你部門的一些人因為驚訝和同情而受到了觸動。你呢？

A、我明確地表達我對這位同事的擔憂

B、如果其他人不能控制自己，至少我會嘗試著這樣去做

C、我試著把這個同事的工作分攤到我們大家身上

2、你正在家聚精會神地讀書，突然有人打斷你。你會怎麼反應？

A、馬上回應他

B、我需要一個休息時間來轉換我的思維

C、說：「請你等一下，我馬上就來，先讓我把這句話讀完。」

3、你認為對於世界上所有的「傻人」們，應該發生什麼事情？

A、他們應該被送去學校

B、他們應該謙虛一點，經常閉上自己的嘴

C、他們在說話之前應該先認真考慮要說的話

4、開車時一個司機突然超車到你車前，導致你差點撞上去，你會怎麼做？

A、考慮是否應該控告這個司機

B、在他背後大罵

C、只是搖一搖頭

5、你的生活在一年以後可能是怎樣的？

A、和現在沒有太大區別

B、希望比現在更好

C、有時候我相信不會像現在這樣好

6、你的伴侶第 N 次跟你講述同一個笑話。儘管如此，你還是會笑？

A、儘管如此，你還是覺得他很好

B、為了不讓他丟臉

C、因為別的人還不知道這個笑話

7、三個孩子在步行區直接朝你走來並且毫不避讓，你會避讓這些孩子嗎？

A、不會，會站著不動，可能他們還沒有真正看到我

B、會的，會繞著孩子走

C、不會，接著照常走我的路

8、你認為最適合戀愛的天氣是？

A、一個舒服的秋日或者冬日

B、陽光普照的夏日

C、這不取決於天氣

9、你因為女朋友遲到而生氣，你會怎麼做？

A、告訴她，今天她的遲到使我很生氣

B、什麼也不說——說話只會帶來更大的氣憤

C、告訴她，她應該改掉自己不準時的習慣

10、晚上你獨自開車在一片樹林裡，一個女人在一輛停著的汽車旁向你揮手，要你停下來。你會怎麼做呢？

A、不停車，這種情況太危險了

B、會在離這個女人60米的地方？車，對她喊：「我去叫員警來。」

C、會停車，儘管可能有危險

11、你看到鄰居的丈夫摟著另一個女人，你會怎麼做？

A、對鄰居說這件事

B、有機會就對這個男人說

C、看別處，忘掉這件事

12、你的女兒第一次帶男朋友回家，而且是她的一個老同學。讓你驚訝的是，這個人是一個外國人。這次拜訪會變得怎麼樣呢？

A、因為他是一個外國人而更覺得有趣

B、和他是一個本國人沒有什麼不同

C、比他是一個本國人更加拘束

13、你會因為自己年紀大了而不去做任何事嗎？

A、會的

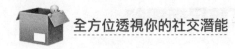
B、不會

C、只會去賺更多的錢

14、你一整天都在照顧一個朋友的小孩。你到晚上感覺怎樣？

A、疲勞和快樂

B、疲勞和筋疲力盡

C、疲勞和煩躁

▫ 測試結果

選擇的A最多：

在你面前沒有人會感到害怕，你能夠很好地感覺任何情況。無論你對一件事情的反應是高興的還是嚴肅的——沒有人會感覺受到了你的攻擊或者傷害。別人和你在一起感覺受到了很好的照料，甚至當你嚴屬地批評他們的時候也是如此。原因是：其他人感覺你試圖做到公平和公正——而且，首先你總是準備好聽取他們的意見，在評判他們之前，你會說話和提問。

選擇的B最多：

別人在你面前不感到害怕——但是有的人在你身旁感到不安和不舒服。原因是你不總是知道自己和其他人在一起要做什麼，而別人對你經常也有同樣的感受。在自發的接觸產生之前，有一段時間，你會「檢查」你的感覺如何，別人是否打擾

了你。而只有當你心情好的時候，你的一切才無可挑剔。如果你想改變這種狀況，有一個解決途徑：就是提出一些更加友好的事情，然後別人會覺得更加確定，面對你也就不再拘束，因此對待你也會友好起來。

選擇的C最多：

你給人一種盛氣凌人的感覺，別人見了你都會感到害怕和不安。當然，人們在你面前不會感到自己總是能得到你真心的尊重，他們表現得很猶豫，有時候他們對你不禮貌或者是不友好，有時候也會具有攻擊性，這些都是害怕的標誌。這種害怕從何而來呢？你像很多其他人一樣有生硬的外表和柔弱的內心，你想保護你的內心。正是因為其他人也是這樣，才導致相互之間的不安感。人們從中或者產生恐懼感，或者使出全部的力量，變得具有攻擊性。怎麼辦呢？一種可能，是和別人談論恐懼和攻擊性的問題。但是這不太容易，因為（現在除了你自己）沒有人能看到這種聯繫。第二種可能性，是更加坦誠和更加友好地對待這些人。

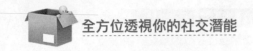

你是一個會「說話」的人嗎？

你是否羨慕別人在演講臺上口若懸河，是否希望自己也能有三寸不爛之舌？會說話並不僅僅是擁有流利的口才，還要有一些技巧，也就是不僅要會說，還要知道對不同的人怎麼採取不同的方式。

如果你善於透過語言與人溝通，說明你口才很好，就等於為你插上了成功的翅膀；如果你不善於與人交談，就常常容易引起糾紛或誤會。你會「說話」嗎？不妨測試一下。

▫ 開始測試

1、遭遇一次挫折之後，你是否覺得需要時間一個人靜靜地才能清醒和整理好思路？

A、是的

B、有時

C、一般不會

2、你通常和哪種人最容易相處？

A、各種人

B、和已經瞭解的人

C、和相處很久的人，但往往仍感到很困難

3、你是否總在人群中的氣氛達到高潮時，反而有一種強烈的失落感？

A、經常如此

B、有時

C、從未有過

4、當有人試圖與你交談或對你講解一些與你關係不大的事情時，你是否時常覺得很難聚精會神地聽下去？

A、是的

B、有時

C、一般不會

5、你是否會刻意避免表達自己的感受，因為你認為說了別人也不會理解？

A、強烈肯定

B、有時

C、絕對否定

6、你是否認為輕易流露心情和感受的人是沒有內涵的？

A、是的

B、有時

C、不是

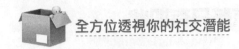
7、一個陌生人詳細地向你講述他從戀愛到失戀的全部過程，並期待你的回應，你會：

A、極不情願，覺得不舒服

B、無動於衷

C、很樂意傾聽並積極開導他

8、當你不是話題的中心人物時，你會不由自主地恍神嗎？

A、一定

B、有時

C、絕對不會

9、你一般情況下不會向他人傾吐自己的心事，除非他是你多年相交的密友？

A、是的

B、有時

C、絕對不會

▫ 評分標準

選A得1分，選B得2分，選C得3分。

測試結果

9～14分：

你是一個非常會「說話」的人。你非常懂得交際，能夠營造一種熱烈氣氛鼓勵人家多開口，讓別人覺得和你談得來，彼此十分投機。因為你知道什麼時候該說，什麼時候不該說。

15～21分：

你是個外冷內熱的人，其實交談也是你的強項，只是你不會輕易顯露。你大概比較熱衷跟別人做朋友。如果你與對方不太熟識，你開始會表現得很內向，不太願意跟對方交談。但時間久了，你便樂意常常跟他們搭話，彼此很談得來。

22～27分：

你不太會「說話」，或者是你本來就有「語言排斥」的傾向。這表示你只有在極需要的情況下才跟別人交談，或者你與對方有強烈的志同道合的感受，都覺得相見恨晚，通常你不會透過語言的形式去發展友誼。除非對方願意主動跟你接觸，否則你便總處於孤獨的個人世界裡，你有些自閉傾向。

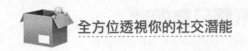

全方位透視你的社交潛能

你有哪些交際弱點

每個人的性格、愛好都是不盡相同的,這就決定了每個人的處世方式中總有別人不習慣或者無法忍受的一面,而個人又很難對自己的這一面有所察覺,下面讓這個測試題來幫你分析吧!

▫ 開始測試

你在學校度過的時間裡,特別是心理上極度叛逆的時期,你覺得老師身上最不能讓你忍受的是什麼?

A、情緒不穩定,容易歇斯底里,對學生實行精神壓迫

B、專制,不聽取學生的意見

C、不公平,偏袒所謂的好學生

D、對學生使用暴力

▫ 測試結果

選A:

這個選擇其實就是自我缺陷的自然暴露。你一有什麼不如意的事就會「歇斯底里」,不是四處大聲叫嚷,就是突然大聲

哭泣……你這種自我表現的方式也許太過幼稚，而且很容易引起別人的情緒疲勞。為了使人際關係更加融洽，你必須對周圍的人多一份愛心，同時要注意克制自己的情緒。

選B：

你具有站在陣列前緣將周圍人猛推向前的統帥能力，在團體中往往有決定性的作用。但是你需要多吸取一些周圍人的意見，否則最終有可能誰也不會再順從你，你的缺點就是很少聽取他人的意見和建議。

選C：

你可能有一些心理恐慌症的表現。你的交際範圍容易往縱向深入，而很難往橫向擴展，你往往把自己討厭的人徹底排除在外，似乎只願意與某一個特定的人建立更好的關係，所以，你屬於不善擴大交際圈的這類人。你甚至會要求與你關係親近的友人「不要與不喜歡的人交往」，你要懂得博愛的內涵。

選D：

你的處世方式是很危險的。你的缺點是動輒變得粗暴無禮。你的問題不僅表現在行為上，還有語言暴力。假如是因為對方態度惡劣導致你正當防禦還情有可原，而你卻往往是稍不如意就出手或出口傷人。你一定要注意控制自己的情緒，否則你會很容易和不瞭解你的人產生激烈的衝突。

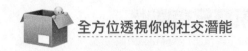

全方位透視你的社交潛能

你懂得拒絕的藝術嗎？

在與人交往的過程中，我們經常會遇到很多自己不願意做的事，這時，只要我們輕易地說出一個「不」字，也許就會輕鬆、坦然了。

但有些人，感覺這個「不」字鼓足了力氣也說不出口，結果苦了自己也苦了別人，而你屬於哪種人呢？

 開始測試

1、到吃飯的時間你還很忙，因為你必須再做幾件事情。這時你的朋友打電話要請你共進午餐，並要告訴你一些令人激動的消息，你會：

　　A、去和他一起吃午飯，希望自己會有足夠的時間

　　B、和他共進午餐，但是你不停地看錶

　　C、同意去見他，但是告訴他你只有半小時的時間

　　D、告訴他你太忙了，不能過去與他共進午餐

2、當你到一家飯店用餐，服務員告訴你今天人太多了，你需要等一會才有座位。這家飯店看起來的確很忙，這時你會：

　　A、坐在那裡等，希望很快會有你的位子

　　B、問清楚你到底要等多長時間，並向服務員解釋你還有

重要的安排

　　C、告訴服務員你沒有時間等了，離開那家飯店

　　D、抱怨飯店的失誤，然後離開

3、你正在安排和一群朋友一起去度假，在商量時間的時候，別人很明顯都比你願意早出發幾天，這時你會：

　　A、確定別人在哪幾天都有空，去適應他們的時間，儘管這意味著你要錯過幾個重要的約會

　　B、很不情願錯過你的約會，但最終你還是選擇和別人一起出發

　　C、讓別人和你一起解決這個問題，共同協調，你希望可以不耽誤你的約會

　　D、告訴他們如果你會錯過約會的話，你就不和他們一起旅行了

4、一個電話推銷員想要賣給你一件你並不需要的商品。那個女推銷員聲音甜美，你也不想傷害她，你會：

　　A、在電話裡聽她講大概三十分鐘推銷商品

　　B、先聽幾分鐘，然後說對不起，告訴她你得出去辦點事

　　C、聽一會後告訴她你沒時間聽她多講，告訴她你不需要這件商品，希望她不要再打電話過來，並說「謝謝」

　　D、你屬聲地對她呵斥，並立刻把電話掛斷

5、你正在進行一次商務貿易，你要出售一百件最昂貴的產

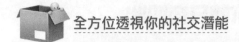

品，雖然價格打了折扣，不過你對目前這個價格還算滿意，因為這些商品銷售得比較慢。但就在商品要脫手的時候，你的客戶打來電話，說他們遇到了經濟危機，只能支付原價格的60%，你會：

A、同意按照客戶能夠支付的價格出售

B、和他們商議一個新價格——比如，你們各讓一步取折中價

C、你可以負擔商品的運費，但價格不能再變動

D、告訴對方除非按照商定的價格，否則交易中止

6、你姐姐或你的好朋友請你幫忙照料小孩一下，這樣她就可以和她的新情人外出了，你會：

A、如同平時一樣立刻答應

B、感覺有點被利用，不過還是答應了

C、告訴她這次可以，但不是每次你都會隨叫隨到

D、告訴她你也很忙碌，你今天沒有時間

7、你有很多事需要去做，這時一個好朋友給你打電話，她說需要你晚上去陪她，因為她感情上出現了危機，她想向你傾訴。這時你會：

A、馬上去她家

B、剛開始你也是猶豫不定，但認為她的問題更緊急、嚴重，於是耽擱了片刻後去了她家

C、告訴她你會過去，但是你需要先花幾小時把事情做完，

並且問她能不能把兩個人的飯準備好

　　D、告訴她你今天太忙不能陪她，但是可以另找時間陪她

　　8、晚上有個你特別感興趣的課程要去學，但是你的愛人想在那天晚上用車，並且她（他）認為她（他）的需求比你的更重要，你會：

　　A、放棄上課的念頭，儘管你感到很失望

　　B、跟她（他）解釋一下上課的事，提議你們應該達成妥協，比如讓他／她下課後去接你

　　C、告訴她（他）這次該你用了，並且這次你一定要用這輛車

　　D、你沒必要和她（他）商量，你已經告訴他（她）你有課了

　　9、有個同事總說要和你一起吃頓飯，討論一下你們的共同之處。有一次辦公室裡只有你們倆人，他強烈要求這星期和你一起吃飯，你會：

　　A、不假思索地同意

　　B、有些顧慮，但由於你不想破壞他的感受，還是同意了

　　C、一起吃飯，但把談話的主題放在工作上

　　D、明白地告訴他，你只想和他保持工作關係，不想單獨和他進行社會交往

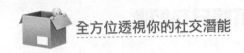

▫ **評分標準**

你選擇A、B、C、D的個數分別是：

A＿＿＿個；B＿＿＿個；C＿＿＿個；D＿＿＿個。

▫ **測試結果**

選項多數為A：

你不太懂得拒絕，你靈活變通，但是你通常要為此付出代價。別人會「剝削」你，而且他們確實這樣做了。

有時人們很難對不維護自己利益的人懷有敬意。你傳達給別人的資訊是：你是個逆來順受的人。

選擇多數為B：

你是一個出色的外交家，你不願傷害別人的感受。當你真心地想說「不」的時候，你卻說了「好吧」，那麼這是很令人困惑的。你傾向於把別人的需求放在你的前面，之後才會考慮到自己的需求。

你有沒有感覺到自己被利用或筋疲力盡，似乎自己總沒有足夠的時間。你會不會由於別人似乎忘記了你的需求而感到憤憤不平？你需不需要別人喜歡你？為了得到別人的喜歡，你會不會過多地去取悅別人？每週為自己留下一些時間來，並且要

清楚你自己有很多重要的事情要處理，這樣做的結果是你要在相衝突的要求中做出選擇，你需要弄清楚你真正要做的事。

選擇多數為 C：

你可以很得體但又很堅決地拒絕別人，也可以很好地平衡你與別人的需求。當你的確有必要拒絕別人，而且你打算拒絕的時候，你決不會害怕說「不」。你有能力決定什麼事情最重要，並且會堅持把它做下去，但同時又不喪失靈活性。

你按照自己的方式生活，你可以毫無困難地說「不」。你在自己認為可以接受和不可以接受的事情中間劃了一條清晰的界限，很久以前你就學會這麼做了。這是你行為方式的基本部分，它可以？明你集中精力完成你要做的事。另一方面，這種行為方式表明你在表達拒絕時態度很生硬，因為你想居於控制地位。如果你偶爾按照別人的行為方式做事，會怎麼樣呢？

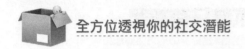
全方位透視你的社交潛能

面對複雜世事，你夠不夠精明

面對複雜世事，你夠精明嗎？你能巧妙地處理問題嗎？你能找到最經濟、最合理的解決方案嗎？透過下面的測試，你就可以瞭解自己的精明度了。

▫ 開始測試

1、最近因為運動不足，你開始發胖。但又因為工作非常忙，你根本沒有去運動場的時間。你會怎麼辦呢？

A、決定不使用電梯或者手扶梯，而是爬樓梯

B、暫時買個啞鈴之類的運動器材回來鍛鍊

C、只要是能夠步行去的路程，就不會使用交通工具，而是用走的

D、計算食物的熱量，減少進食量

2、小時候，你會怎麼處理第二天要穿的衣服？

A、將睡衣換成第二天要穿的衣服，穿著睡覺

B、前一天決定好穿什麼衣服，準備好放在枕頭邊，然後睡覺

C、早上起來後再考慮決定穿什麼衣服

D、前一天決定好穿什麼衣服，第二天早上起來後再準備

3、下列四句話，你最能產生共鳴的是哪一個？

A、知難行易，事情並不都像想像的那麼難

B、把握當下，明天的事明天再說

C、未雨綢繆，有備無患

D、好的開始是成功的一半

4、你決定跟朋友一起去旅行。在決定了去哪個地方旅遊之後，接下來你會做什麼呢？

A、列一個要帶回來的特產清單

B、作出旅行預算

C、決定排程

D、購買旅行用品

5、沒有任何通知，突然給你增加了工作量，你會如何處理這件事情呢？

A、不管怎樣，一件一件事情開始著手做

B、先從看起來很簡單的事情開始處理

C、將幾項工作任務拜託給其他人幫忙處理

D、暫時放下手頭的工作，先制定一個工作進度計畫表，然後再開始工作

6、在下面幾個選項中，你最討厭的是哪一種類型的人？

A、不通情理的人

B、非常精明的人

C、喜歡捏造事實的人

D、反應遲鈍的人

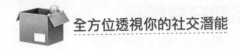 全方位透視你的社交潛能

▫ 評分標準

題號	1	2	3	4	5	6
A	1	3	1	1	1	4
B	2	4	2	4	2	1
C	3	1	3	3	3	2
D	4	2	4	2	4	3

▫ 測試結果

6～7分：你做事隨意，不善謀劃，距離精明還很遠

做事缺乏計劃性的你，還稱不上精明。是不是不管做什麼事都相當費時間呢？這大概是因為你什麼都不考慮就開始進行工作的緣故。所謂的精明，來源於事前周密的考慮。為了讓事情順利推進，首先訂立一個詳細的計畫表是很重要的。這樣即使一開始落後，最終依然能夠按照原定計劃完成所有的任務。嘗試在開始工作之前，按捺住急躁的性子，不慌不忙地訂好計畫，再將其付諸實施。

8～14分：偏離常規，你有些自以為是的小聰明

你很聰明，分析問題也頭頭是道。但你不願墨守成規的性格，讓你常常自以為是地耍些小聰明。實際上，你的精明有時

的確能夠減少繞遠路的情況。但值得注意的是，有些工作是必須按照既定程式進行的。這些已有的流程，通常都是前人寶貴經驗的總結，總有它的合理性。你要在吸取他人經驗的基礎上，發揮自己精明的特點。

15～20分：精打細算，你的精明寫在臉上

你善於精打細算，是那種討厭浪費，反對徒勞無益的人。但有時，你的精明也會稍稍給人一種過於算計、很小氣的感覺。儘量避免過於計算自己的得失，在小事上不要過分計較。另外，平常腦子轉得很快、一向機靈聰明的你，一旦陷入被動的窘境，腦子似乎就不會轉了，考慮問題也變得遲鈍。在這個時候要注意冷靜，找到合理的工作程式。

21～24分：你精明能幹，又不失圓融通達

你處事靈活，腦子轉得快，是個精明的人。通常說一個人很精明的時候，就容易被人聯想到「會算計」、「很小氣」，但你似乎很少被人這樣認為。這是因為你處事很會變通，不會機械地考慮問題，能夠顧及周圍人的想法。你充分瞭解團隊合作精神的重要性，即使認識到某種安排的合理性，你也會先徵求其他人的意見，讓你的精明打算得到大家的一致認同。像這樣建立在與眾人步調一致基礎上的精明，是非常可貴的。

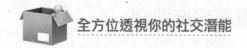

你是不是一個很會害羞的人

現實生活中，害羞的未必都是年輕人，但很多年輕人都有著一種害羞的情結。你是其中的一位嗎？做完下面的測試，即可得知。

▫ 開始測試

1、一次小型聚會上你看見一位吸引你的異性，你：

A、走上前去自我介紹

B、請朋友引見

C、希望他（她）能夠注意你

2、從店裡買回一件新的服裝，何時你會開始穿？

A、回家就換上

B、買回來先放著，直到家人催促才穿，或有限的小範圍試穿

C、一直看到周圍有人穿上同款的才穿出去

3、你知道朋友的家就在這條街上，可是門牌號忘記了，這時你會：

A、按響門鈴打聽清楚，說不定就碰對了

B、找電話亭打電話給朋友詢問一下

C、在街口一家家慢慢找

4、上司派你去車站接客人，告訴了你那個人的姓名及外貌特徵。你在出站口的人流中看到這樣一個人，這時你會：

A、大步上前加以證實

B、把寫著「接××」的牌子在他的視線內晃動，希望引起他注意

C、站在一邊，直到其他旅客走光，確定他也在等人再去招呼他

5、進入一個全是陌生人的房間時，你會：

A、毫不猶豫地走進去

B、猶豫半天才跨進去

C、一直等有其他人來，才隨著一起進去

6、一年一度的表演到了，你是合唱團成員之一，負責指揮替隊員安排位置，你希望被排在哪裡？

A、第一排中間，觀眾視線的焦點上

B、隨便哪裡都可以，只要不是中間就行

C、被隊員遮擋的後排

7、某聚會上，有位你並不相識的異性一直凝視你，你會：

A、以同樣方式回報他（她）

B、瞄對方一眼又裝作未察覺掩飾過去

C、微微低頭或將臉轉開

8、你和家人去餐館吃飯，無意中發現鄰座坐著大名鼎鼎的鋼琴家，你會：

A、自然地走到他桌前搭訕

B、在家人的鼓動下，鼓足勇氣上前提出你的請求

C、極想上去請他簽名，但只是局促地坐著不動

9、如果你的上級要你對他直呼其名而不是稱呼其頭銜，你會感到：

A、很高興

B、無關緊要

C、有點不習慣

10、家裡來了一位你從未見過的客人，你會：

A、輕鬆地進行攀談

B、開始有點緊張，後來就好了

C、一直擔心自己舉止失當

11、在日常例會上，你有個不同想法想談，你會：

A、站起來侃侃而談

B、會後向有關人員私底下提出

C、希望會場中有人代你提出

12、過節的時候學校舉行聯歡會，人家委託你做節目主持人，這時你會：

A、欣然接受

B、答應試試，但心裡有點緊張

C、覺得不可想像，堅決推掉

▫ 評分標準

A＝1分 ； B＝3分 ； C＝5分

▫ 測試結果

12～22分：

你是個十分自信的人，很少拘謹，這使你能抓住更多施展才華的機會。你必須注意分寸，以維護自己的形象。

23～46分：

你是個羞怯度中等的人，這會對你行事造成些障礙，但多數情形下事情會發生轉機。如果處理得當，它反而會成為你惹人喜愛的因素之一。

47～60分：

你的羞怯心理較重，對自己缺乏信心，不喜歡公開亮相，無意與他人競爭，猶豫不決，很不善於交際；另一方面，你勤於思考、機敏，為人謹慎，凡事多為人著想，這些都是你的長處。有時不必對自己過分苛刻，也不必把周圍的人看得太高，事實上每個人都有長處，有其所短，你也擁有別人所缺乏的東西。關鍵是要善於鼓勵自己，善於揚長避短，你也許不適合領導他人，但卻是很好的合作夥伴。

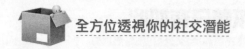

全方位透視你的社交潛能

你會不會背叛朋友

你會永遠忠誠於朋友嗎？無論遇到什麼情況，你都會一如既往地珍惜你們之間的友誼、絕不會背叛他，還是見風轉舵、隨情況而定呢？下面這個測驗可以得知你背叛朋友的可能度。

▫ 開始測試

某天你在沙漠旅行，突然發現沙漠中有個會發光的東西，你認為那東西是什麼做的？

A、玻璃

B、金屬

C、塑膠

▫ 測試結果

選A：你很少會有背叛之心，但有時為了保護自己，可能會背叛朋友。

選B：你真的是寧願自己吃虧也不會背叛朋友。

選C：你雖無惡意，卻可以輕易地背叛朋友，說不定已經有人在恨你了。

你的防備心理恰當嗎？

坦白率真的人在更容易得到他人的喜愛，而時時刻刻戴著面具的人很容易被人認為是虛偽，然而「害人之心不可有，防人之心不可無」，適當的防備有助於保護自己。與人交往的過程中，你的防備程度是否恰當呢？

▫ 開始測試

一次旅行中你走了好長一段路，又渴又累，突然看到一間小屋。屋門沒關，你順勢走進去，屋主似乎不在，而在桌上有一杯清澈的水，又累又渴的你會有什麼反應？

A、再三猶豫，但就是不敢喝

B、如獲至寶，一口喝下去

C、先考慮一下，再小口小口啜飲

D、完全不考慮，就是不喝

▫ 測試結果

選A：

你對自己的判斷力缺乏自信，是個寂寞而不安的個體。你

需要的是培養獨立思考的能力，樹立自信心，以建立互動良好、成熟圓融的人際網路。

選B：

你即使面對陌生人，也以坦然天真的態度回應。過分相信別人是你的致命傷，對人毫無防備之心是會吃虧的，應適度保護自己。

選C：

你在社會上多少有些閱歷，懂得「害人之心不可有，防人之心不可無」的道理，做事比較謹慎。

選D：

你可能因為家庭教育與成長環境所導致，對人非常沒有安全感，無法信任別人，其實試著敞開胸懷，你會活得更寬容、自在。

你容易得罪別人嗎？

你是不是經常覺得自己很孤立？是不是經常覺得每一個人都對你有敵意，每個人的眼光都充斥著輕蔑、嘲諷和不快？測試一下自己是否在社交圈內真的扮演著得罪人的角色！

開始測試

如果你的朋友不小心弄壞了你心愛的東西，你會：

A、要求對方照價賠償

B、寬宏大量，不會生氣

C、算了！自認倒楣，只能氣在心裡

D、大發雷霆，把對方罵得狗血淋頭

測試結果

選A：

你覺得你和所有朋友都處於對等的狀態，沒有誰該怕誰、誰該讓誰的說法，因此，你的態度就會很客觀，也很中立，不會預設立場，把自己的敵我意識先擺出來，或者是先設定自己的受害意識。你這樣的處理方式，應該會讓大多數人接受。不

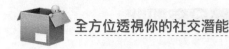

過，要是遇到一些自我意識較強的人，你就會被認為太不講人情，而得罪對方了。

基本上來講，你的這種做法不會傷害你的人際關係，但也阻隔了你人際關係進一步的發展。畢竟人都是要面子的，你要對方賠償，就表示你們的情誼還不是很深，對方在你心目中所占的分量，不是大到可以不用計較這個心愛的東西，所以對方表面不會介意，但心底多少會有些疙瘩。

選 B：

你是個老好人，好的地方是你很尊重對方的自尊和價值，讓對方受到你的暗示，覺得自己是一個很受重視的人，因此，除了感謝你之外，還會以對等的態度回報你，將你當成最好的朋友。

在你處理人際關係的觀念中，你知道人的價值是重過一切的，因此你在處理事情的時候，會不自覺地從人的立場來考慮利害得失。就是因為你重視朋友、給朋友面子，所以你的人際關係應該是很圓滿的。

選 C：

你是一個怕得罪人的人，在表面上你只能自認倒楣，但在心底你卻會憤怒不已，只是你不敢表現出來。你在處理人際關係的心態上有點委曲求全，原因可能是你怕和別人形成敵對狀態，這種敵對狀態會給你帶來很大的心理壓力和精神負擔，因為你沒有信心去處理這些關係，所以你寧可退一步，以求大局

和平。

　　像你這種壓抑自己來成全別人的做法,對你自己是一種傷害,為了怕得罪人而壓抑自己,如此一來,你可能會漸漸脫離人群,自我封閉起來,到時候,全天下的人都是你的敵人。

選D:

　　在你的觀念中,朋友是不會比你所喜愛的東西更重要的。正因為如此,你的朋友到最後都會成為你的敵人。事實上你在處理人際關係時,從心理上的出發點就有偏差,雖然你的敵我意識不強,但是你對於人際關係的力量和需求不是很肯定。你總是認為朋友都是暫時的關係,真正可以給你安全感的,是摸得到、看得到的財富或物質。

　　就因為你這樣的唯物觀念,把人和朋友的價值放在財物之下,曾經是你的朋友的人都會覺得不受尊重而離開你。如果你的這種觀念還是不改,你的敵人會愈來愈多。

發掘與你最契合的朋友

什麼樣的人能成為你的知己，或者是無話不說的死黨呢？為了發掘與你最契合的朋友，我們準備了下面的測試，以便幫助你找到真正的好朋友。

開始測試

1、在沒有任何熟人的新班級或新環境時：

A、仍然充滿活力→2

B、覺得有點可怕→3

2、現在的成績還過得去，但小學時的成績很好。

A、Yes→4

B、No→5

3、每次在外面吃飯時，點菜的速度都很慢。

A、Yes→7

B、No→6

4、看電視時經常會覺得「這個人好笨，如果是我的話就會這麼做」。

A、Yes→8

B、No→9

5、在家閒來無事的時候你會：

A、看雜誌或書→9

B、看電視→10

6、手機、Skype、社交網路，你喜歡用哪一種和朋友聯繫？

A、手機→8

B、Skype→9

C、社交網路→10

7、兩年內，沒擔任過班長、組長等「長」字輩的幹部：

A、Yes→11

B、No→10

8、看到別人的事，經常會覺得對方沒有抓住要領。

A、Yes→12

B、No→13

9、如果下輩子可以選擇的話，你想成為：

A、男生→13

B、女生→15

10、貓跟狗，你喜歡哪一種？

A、狗→14

B、貓→13

11、如果計程車跟地鐵的車資相同，你會搭哪一種？

A、計程車→14

B、地鐵→15

12、將來的夢想是：

A、有固定職業，努力地工作→16

B、二十四歲以後成為專職家庭主婦→18

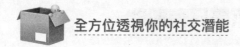

C、沒有特別的想法→17

13、非常注重流行資訊，隨時確認自己的裝扮。

A、Yes→18

B、No→17

14、想要一個人去旅行。

A、Yes→17

B、No→18

15、不擅長在很多人面前說話。

A、Yes→19

B、No→18

16、覺得自己常常是朋友模仿的對象。

A、Yes→ A

B、No→ B

17、認為歌手應該「以課業為重，即使暫時淡出演藝圈也無所謂」。

A、Yes→ B

B、No→ C

18、就算參加升旗時突然頭暈，也不會告訴旁人。

A、Yes→ D

B、No→ C

19、不管是功課方面或玩樂方面，遇到不懂的事情時，不太敢向其他人請教。

A、Yes→ C

B、No→ B

□ 測試結果

A型的人：

輕鬆自在地生活，經常被人依賴，跟喜歡撒嬌的人較合得來。你希望自己成為團體當中的領導者，討厭被朋友差遣，不過你又非常害怕獨處，不喜歡落單，能夠跟這樣的你相處甚歡的，是喜歡撒嬌、凡事優柔寡斷的女孩。如果她無法自己下決定，必然會向你求助，請你幫忙，聽到她對你說：「還好有你在！」你的心情就會十分高興，這樣的朋友總是能夠讓你獲得心靈上的滿足。

B型的人：

不希望彼此干涉，個性豪爽，跟抱持個人主義的人較合得來。你不喜歡跟朋友在一起，有強烈的個人主義，這不是討厭朋友，只是不喜歡總和大家黏在一起而已。能跟你合得來的，是像你一樣重視私人空間，抱持個人主義的女孩，只在想見面的時候見面，不干涉彼此的生活。在周圍人的眼裡，會懷疑你們的感情一定不好。別在意周圍人眼光，做你自己就可以了。

C型的人：

喜歡跟幾個好朋友膩在一起，跟擁有同樣興趣的人較合得來。「所謂好朋友就要一直在一起」，會跟朋友一起談論同一部電視劇或流行的話題。這樣的你最適合跟擁有同樣興趣、喜

歡膩在一起的女孩當朋友,如果對方跟自己用同一個牌子的用品,話題就會源源不斷,也就會加深你們之間的感情。你很擅長處理事情,即使兩人整天膩在一起也不會發生衝突。

D 型的人:

希望和領導型人物在一起,跟踏實、開朗、活潑的人較合得來。個性優柔寡斷、膽小的你,在團體中很不顯眼,由於你的個性較被動,如果別人沒約,你會一整天關在家,而其實內心卻很想出去。做事果斷的領導型大姐最適合你,她可以幫你判斷無法決定的事,為你打理一切,對方會在這過程中獲得滿足感,而你也覺得十分快樂,這樣的速配組合會讓你們的友情更加堅定。

你不該只有如此
測試自我能力的成功遊戲心理學

讓你反感的陌生人

在人際叢林中，你最反感什麼樣的人？從你最反感的人的身上，可以透露出你的性格和對人際交往的態度。

▫ 開始測試

當你和一個陌生人第一次見面時，你最反感的是：

A、不停地問你個人的問題，像調查局一樣

B、搶著說話，油腔滑調，把你當聽眾

C、主動靠近你，拍你的肩膀，跟你稱兄道弟

D、跟你很疏遠，不夠大方

▫ 測試結果

選A：

你是一個稍微自我封閉，想保有隱私的人。面對這種想控制你的人，你會覺得壓力很大。

這種人其實只是想進一步認識你，想在很短的時間內對你有更深入的瞭解。

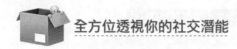

選B：

你是一個很討厭當聽眾的人，不願意在人際互動中老是處於被動的狀態。在人際心理學中，一個人說話主動權的大小，暗示著這個人氣勢的強弱。如果這個人一見面就不停地說話，把你當啞巴聽眾，那就是表示這個人是想把你當一個情緒發洩工具，不然就是想一開始就把你壓得死死的。你會對這種人反感，也表示你在氣勢上不想被人壓過，不然就是不希望別人不尊重你的發言權。

所以，讓你反感的人很可能就是這些演講狂的人，或者是不讓你發表意見的人。尤其是那種油腔滑調的人，更讓你覺得對方不可靠，以後再見面，你可能不會給他好臉色看。

選C：

你的自我保護心理比較強。對於陌生人你會不自覺地想要保持距離，因為你對於自己的應對能力沒信心，對於別人的信心也不夠，所以，你一開始就會下意識地拒絕別人侵入你的私人領域，尤其是不經過你的同意就觸摸你的身體。

你的敵人通常都是那種有自大傾向、不尊重你的人。為了減少你的敵人，有時候你不要反應太過分，也許人家並非懷有惡意。

選D：

你是一個性格內斂，但心裡充滿企圖心的人。你很想有一個完美的人際關係，很想跟陌生人建立起一個好的接觸點。不

過，你總認為主動去跟人家搭訕是很傷自尊的，説白一點，你是那種認為自己很有個人魅力的人，但這只是你的個人期待，別人的感受可能就和你的不一樣。

　　所以，一遇到這種情形，你就會不自覺地把自己的期待套在別人身上，如果別人不能依你的期待去表現，你就會對對方產生反感。因此，你的這種主觀期待很容易得罪人，也很容易因此而樹敵。所以，當你有敵人出現時，你最好反省一下，是不是又得罪人了。

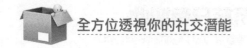

全方位透視你的社交潛能

別人選擇你做朋友的理由

兩個人之所以會成為朋友，一方一定會從另一方得到什麼好處，不管是心靈的慰藉還是心靈的相通，或是現實的好處。那麼別人選擇你做朋友的理由是什麼呢？

▫ 開始測試

去ＰＵＢ喝酒，結果另一半喝醉了，哪一種行為讓你覺得最丟臉？

A、跟異性玩親親

B、在桌子上跳脫衣舞

C、吵架鬧事摔東西

D、當眾小便

▫ 測試結果

選Ａ：跟你當朋友可以有福同享

這類型的人，其實你的心地很善良，你的任何一個朋友，你都對他非常好，你會盡全力去照顧他們，有錢出錢，有力出力，只要你認定他是你的朋友，你就絕對不會遺棄的。所以選

擇這個答案的朋友，跟你做朋友真的非常好，一輩子跟你就有福同享。

選B：跟你當朋友可以聽八卦解悶

這類型的人，很喜歡很好玩的事情與大家分享，尤其是與他的好朋友，會說一些笑話，或是扮醜，當然還有一些八卦，把所有的朋友逗得開心得不得了。所以只要他一出現，大家會覺得開心果來了，然後所有的煩惱都會忘掉。所以選擇這個答案的朋友，你是朋友的開心果。

選C：跟你當朋友可以有人幫忙

這類型的人是很講義氣的，所以與這種人當朋友，就算很久沒有聯絡，只要一通電話，很多事情他都可以幫你解決或擺平，或用他的精神力量，或是用他的人脈把很多問題都解決了。所以選擇這個答案的朋友，你真是非常有義氣的人。

選D：跟你當朋友可以沒任何好處

這類型的人，因為你是用自己的心在跟朋友博感情，你覺得一顆熱誠的心就是最好的跟朋友相處之道，所以你覺得，要有什麼好處，真的是太現實，不如好好地交個真心的朋友，對你或對他來講才是更有意義的事情。所以選擇這個答案的朋友，雖然沒有什麼現實的好處，不過和你在一起的時候，做朋友其實是非常好的。

part 5

勘測你暢遊職場的能力

擁有一份適合自己的職業，是一生幸福和成功的前提，
日復一日的忙碌過後，不妨停下來對自己的職業狀況做一番檢視，
你目前的職業適合你嗎？你的職場成熟度如何？
近期你有被炒魷魚的危險嗎？快來看看你在職場中的優勢和劣勢，
以及需要注意的問題有哪些，並對症下藥進行適當的調整，
將有助於你更好地把握職場機遇。

工作中你最在意什麼

職場中的你最在意什麼？是待遇、職位，還是老闆的信任和賞識？想欲知自己內心真實想法，請進入下面的心理測試。

▫ 開始測試

在愛情的呼喚之下，美人魚犧牲了發聲的權利，羅密歐和茱麗葉則付出了生命。也是愛情信徒的你，為了嘗到戀愛的銷魂滋味，所願意付出的最高代價，會是以下哪一種？

A、智商超低

B、眾叛親離

C、壽命減少

D、貧困度日

▫ 測試結果

選A：

在工作中，你可以做牛做馬，你滿腔熱情投注到工作中，但這種激情和鬥志，需要持續才能得到上司的賞識。

要是讓你覺得遇不上伯樂，或是伯樂已經逐漸疏遠時，你

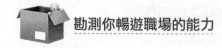

就會有倦怠的念頭，無法再像從前一樣賣命，因為沒有伯樂關愛眼神籠罩的你，奮鬥的動力也就日漸熄滅，導致你的工作能量消失殆盡。

選B：

你是沒有安全感的人，也許是童年失歡，或是不好的生活經驗，讓你失去了安全感，所以如果你現在的工作不能滿足你的需求，或是讓你覺得不牢靠，隨時有倒閉或遣散走人的可能，像從事泡沫化的網路業，你更會時時刻刻擔心成為失業一族，工作心情可就大受影響，一點風吹草動，就會讓你胡思亂想，不能專心工作。

選C：

工作中你最在意你的發展，以及在工作中能不能學到更多的知識和技能，待遇或職位都不是你最重視的事情。你想要從工作中得到自由發揮的主控權，考驗自我的實力和耐力，如果不能得到舞臺，或是你不再是萬眾矚目的主角，你是不能忍受的，你自然會想要另謀發展。

選D：

在職場內，你最在意的是福利制度和相關權益，如薪資、配股或分紅製度都是基本的需求，萬萬不能比別人少；彈性上班或休假等規定，也是你非常在意的，因為在你的想法當中，上班只是謀生的手段，一旦這些原有福利縮水或不見，就是老闆和你過不去，你就會沒工作動力，忍不住感染工作倦怠症，完全提不起勁來。

從鑰匙看出你的職業現狀

職場瞬息萬變，面對職場的變化莫測，你是應對自若，還是苦不堪言？由你選擇的鑰匙即可知道你的職業現狀。

▫ 開始測試

一把鑰匙掉落在水池附近，當你在尋找它時，請運用個人的想像力，猜想它是下列哪種材料製成。不要思考，直接選一種答案。

A、木

B、金

C、銀

D、銅

E、鐵

▫ 測試結果

選A：

你的內心似乎暗藏著對現實生活的不滿，或者是覺得非常疲倦；感覺做任何事都比較麻煩，缺乏嘗試新事物的衝勁。現

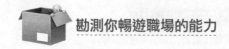

在的你正渴望依附在強人身上。

選B：

你現在的事業心非常旺盛，在你的周圍充滿著意外的機會，可以使你實現夢想，得到收穫，而且新事物也會接連不斷帶給你好運。

選C：

你面對問題仔細思考後，可以馬上作出反應，是運用智慧找出合理解決方案的人。你在接受對方的意見時態度非常謹慎，因此面對對方的求婚或是向對方示愛，目前是最適當的時機。此外，你的財運也非常強盛，有致富的可能性。

選D：

你是超級的自信家，能力突出，可以俐落地處理事情。但是面對討厭的東西時，即使是上司或長輩的叮嚀、命令也充耳不聞，因為你認為自己才是最主要的。目前正是你放手一搏，嘗試新事物的最好時機。

選E：

你是一個非常現實的人，很少做無謂的空想，而是用常人的思維方式思考和處理問題，與周圍的同事相處得很和諧，不惹是生非。但現在的你可能正處於人生低潮。

你是十足的工作狂嗎？

你是對工作超級狂熱的工作狂，還是超不喜歡工作的懶惰蟲？做一個小測試瞭解一下，也可以趁此改變一下自己的工作態度。

▫ 開始測試

1、即使是不喜歡，仍然會因為商場促銷去買一樣東西？

A、是的，我看到便宜就想買→第2題

B、反正買回家不久也會丟掉，不買了→第3題

2、臨時有件事，你也只能坐車出門，你會：

A、提早出門，免得耽誤了正事→第4題

B、反正公車時間都很固定，差不多再出發就好→第5題

3、你平常是否有和朋友分享E-mail的習慣？

A、有，我超喜歡亂寄東西→第6題

B、很少，多半是人家寄給我的情況較多→第7題

4、閒著沒事做，你通常如何打發時間？

A、當然是上網看看有沒有什麼新鮮事了→第7題

B、開著車到處亂跑，最好是到一個新地方→第8題

5、如果你去拜訪朋友，發現他不在又正好忘了鎖門，你會：

A、躲起來惡作劇或給他一個驚喜→第9題

B、先聯絡上他或是直接進他房子等→第10題

6、看到運動員在奧運會上拿下金牌，你的心情是：

A、好興奮，幻想自己也能跟他一樣→第5題

B、會很開心，但是過幾天感覺就淡了→第10題

7、如果遠遠走來一個明星，你會：

A、多看幾眼，不過可能不會有什麼舉動→第6題

B、機會難得，當然要把握時間請他簽名、合照→第10題

8、和朋友到KTV唱歌，你通常是：

A、第一件事就是找新歌排行榜，老歌我不要→第9題

B、好多新歌都不會，只唱招牌歌或是聽人家唱→A型

9、你對你家附近街道熟嗎？

A、豈止熟，我還知道很多別人不知道的祕密地方→第10題

B、不算熟，大路會記得，小路不會走→B型

10、如果有一天，你走在路上，有個你不認識的人跟你打招呼，你會：

A、問清楚他是哪一位朋友→C型

B、裝作沒看見，直接走開→D型

▫ 測試結果

A型：工作狂指數90%

你是個超級工作狂，責任感又重，一旦事情交到你手裡，上刀山下火海，必不辱使命，而且你也要求自己盡善盡美，總要超出老闆的期待你才會覺得滿意。這樣的你最好是慎選工作，務求找到自己喜歡的類型，這樣才不會拼死拼活卻又得不到任何回報。你的三餐以及工作時間常不固定，需注意健康，以免晚年無福享受打拼的結果。

B型：工作狂指數70%

其實你也是個工作狂，只是你有限制條件，例如，太粗重的工作不做，太髒亂的工作不做，或是太熱的環境你待不下去等等。對於工作你也善於綜觀全域，不會一味埋頭苦幹，分析完成之後，你便會全力投入，一口氣把事情搞定。

只是有時候你這種瀟灑自若的神態，可能會給老闆一種不認真的印象，凡事還是低調點好。

C型：工作狂指數50%

其實你並不太喜歡工作，你真的很怕麻煩。找工作要面

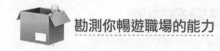

試，麻煩；忙得不可開交的工作，麻煩；同事之間鉤心鬥角，麻煩；從事單調簡單的工作，麻煩！所以適合你的工作，必須給你足夠的休閒娛樂才會合你胃口，也許一出社會就是經理最合你意。建議你趁著年輕多吃點苦，想達到你要的目標其實不算太難。

D型：工作狂指數30%

你大概是全世界最不喜歡工作的人了。就算老闆願意付你薪水不要你做事，你可能也會覺得辦公室缺乏自由而待不住。你也可能常常不斷抱怨，哀歎自己為何不是某某某的孩子，哀歎這個世界為何如此不公平。其實，人比人真的會氣死人，不喜歡工作就專心往自己最擅長的領域發展，堅持下去，冷門也能賺大錢。

你的工作態度如何

> 最近工作狀況好嗎？曾有科學家分析，一般人的專心程度是和成功比例成正比，所以工作的時候努力工作，該玩的時候用心去玩，這應該是最好的人生座右銘。現在就以一個娛樂的問題，來測試一下你的工作態度。

開始測試

許久沒有背上釣竿了，今天如果正巧有夥伴要跟你一起去釣魚，你會選擇何處？

A、海岸邊

B、山谷的小溪

C、坐船出海去

D、人工魚池

測試結果

選A：

你是個講究投資報酬率的人，會以最少的資本追求最高的利潤，非常有生意眼光，所以你會到海岸邊去釣躲在岩縫的小

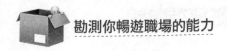

魚，雖然體積不大，但是數量卻很多。

選B：

你對工作企劃有一套，眼光遠大，能安排好一個月以後的行程。只可惜你做事太保守，缺乏衝勁，不能專一地投入，不然你為何貪戀山谷的美景，而不把全部心神投注在釣魚上？

選C：

工作狂熱症的代表，就像坐船時乘風破浪的快感，你是一股勁地拼命，也就是說，拼命起來沒大腦，你只能聽指令行事，但是絕對不能讓你規劃，因為你會急得腦出血。

選D：

你只打有把握的仗，十足的現代人，有自信，很會推銷自己，商場上講戰術，頭腦冷靜，但是你有點兒鋒芒畢露，切記不要搶人家的功勞，否則會為你以後的失敗埋下伏筆。

你的決策力如何

如果你已經成為領導者，要取得非凡的成就需要具備多方面的卓越能力。而決策力就是所有能力中最重要的一種。也就是說，你的決策力決定了你領導的力度。那麼你擁有怎樣的決策力呢？做完下面的測試你就會知道。

◦ 開始測試

1、你的分析能力如何？

A、我喜歡通盤考慮，不喜歡在細節上考慮太多

B、我喜歡先做好計畫，然後根據計畫行事

C、認真考慮每件事，盡可能地延遲應答

2、你能迅速地做出決定嗎？

A、我能迅速地做出決定，而且不後悔

B、需要時間，不過我最後一定能做出決定

C、需要慢慢來，如果不這樣，我通常會把事情搞得一團糟

3、進行一項艱難的決策時，你有多高的熱情？

A、我做好了一切準備，無論結果怎樣，我都可以接受

B、如果是必需的，我會做，但我並不欣賞這個過程

C、一般情況下，我會避免這種情況，我認為最終會有結

果的

4、你有多戀舊？

A、買了新衣服，就會捐出舊衣服

B、舊衣服有感情價值，我會保留一部分

C、我還有高中時代的衣服。我會保留一切

5、如果出現問題，你會？

A、立即道歉，並承擔責任

B、找藉口，說是失控了

C、責怪別人，說主意不是自己出的

6、如果你的決定遭到大家的反對，你的感覺如何？

A、我知道如何捍衛自己的觀點，而且通常我依然可以和他們做朋友

B、首先我會試圖維持大家的和平狀態，並希望他們能理解

C、這種情況下，我通常會聽別人的

7、在別人眼裡你是一個樂觀的人嗎？

A、朋友叫我「隊長」，他們很依賴我

B、努力做到樂觀，不過有時候，我還是很悲觀

C、我的角色通常是「惡魔鼓吹者」，我很現實

8、你喜歡冒險嗎？

A、喜歡冒險，這是生活中比較有意義的事

B、喜歡偶爾冒冒險，不過我需要好好考慮一下

C、不能確定，如果沒有必要，我為什麼要冒險呢？

9、你有多獨立？

Ａ、我不在乎一個人住，我喜歡自己做決定

Ｂ、我更喜歡和別人一起住，我樂於作出讓步

Ｃ、我的配偶做大部分的決定，我不喜歡參與

10、讓自己符合別人的期望，對你來講有多重要？

Ａ、不是很重要，我首先要對自己負責

Ｂ、通常我會努力滿足他們，不過我也有自己的底線

Ｃ、非常重要，我不能冒險失去與他們的合作

評分標準

選Ａ計10分，選Ｂ計5分，選Ｃ計1分，最後匯總分數。

測試結果

10～24分：差

　　你現在的決策方式將導致「分析性癱瘓」，這種方式對你的職場開拓來講是一種障礙。你需要改進的地方可能有下列幾個方面：太喜歡取悅別人，分析性過強，依賴別人，因為恐懼而退卻，因為障礙而放棄，害怕失敗，害怕冒險，無力對後果負責。測試中，選項Ａ代表了一個有效的決策者所需要的技巧和行為。做一個表，列出改進你決策方式的辦法。考慮閱讀一些有關決策方式的書籍，諮詢專業顧問。

25～49分：中下

你的決策方式可能比較緩慢，而且會影響到你的職場開拓。你需要改進的地方可能是下列一個或幾個方面：太在意別人的看法和想法，把注意力集中於別人的觀點之上，做決策畏畏縮縮，不敢對後果負責。這樣的話，就需要你調整自己的心態並列一個表，列出改進你決策方式的辦法。

50～74分：一般

你有潛力成為一個好的決策者。不過你存在一些需要克服的弱點。你可能太喜歡取悅別人，或者你的分析性太強，也可能因為你過於依賴別人，有時還會因為恐懼而止步不前。要確定自己到底哪些方面需要改進，你可以重新看題，把你的答案和選項A進行對照。

75～99分：不錯

你是個十分有效率的決策者。雖然有時你可能會遇到思想上的障礙，減緩你前進的步伐，但是你有足夠的精神力量繼續前進，並為你的生活帶來變化。不過，在前進的道路上要隨時警惕障礙的出現，充分發揮你的力量，這種力量會決定一切。

100分：很棒

完美的分數！你的決策方式對於你的職場開拓，是一筆真正的財富。

你不該只有如此
測試自我能力的成功遊戲心理學

你的工作效率如何

　　無論你目前從事什麼職業，或者想進入哪種職業，你可能都希望利用組織中的機遇來獲取工作所給予的最大滿意度。換句話説，就是你希望自己在工作中能有最大的工作效能、取得最佳的工作業績。

　　那麼你的工作效能又如何呢？想要瞭解這方面的自己，請做下面的測試。

開始測試

　　第1～12題共有五個答案：A 從不；B 幾乎不；C 一半；D 大多數時間；E、總是。

1、儘量找尋提高做事效率的方法。

2、我樂意聽取一切有利於完成工作的建議。

3、我認為自己精力充沛，並富有競爭性。

4、我把困境當成是一種挑戰。

5、我的上司對我很滿意。

6、我能在規定的時間內完成工作。

7、我勇於承擔積極行動的責任。

8、以團隊為重，個人服從團隊決定。

9、我把錯誤看成是學習的機會，並從中吸取經驗、教訓。

183

10、我認為自己有責任完成好工作。

11、我能言行一致。

12、我能清楚地明白上司的意圖，並努力執行。

第13～21題：下列各題，每題有三個備選答案，請根據實際情況，選擇適合自己的答案。

13、你有過「每天多做一點」的想法嗎？

A、僅有1次

B、從不

C、至少三次以上

14、一件工作完成，你會：

A、預測下一工作是什麼

B、主動尋找下一工作

C、坐等下一工作的到來

15、你曾主動推後下班的時間嗎？

A、很少

B、從不

C、至少三次以上

16、你認為工作是：

A、使命

B、生存的方法

C、介於A、B之間

17、公司的地很髒。你會：

A、想掃又礙於面子

B、主動打掃一下

C、視而不見

18、你曾認為同事的升遷：

A、那是勤奮

B、那是幸運

C、那很平常

19、你曾以「這不是我分內的工作」為由來逃避責任嗎？

A、僅有一次

B、從不

C、至少三次以上

20、你經常第一個到公司嗎？

A、有時候

B、從不

C、經常

21、你認為你的工作：

A、很平常

B、不值得一提

C、很偉大

第22～33題共有五個答案：A、非常符合，B、有點符合，C、無法確定，D、不太符合，E、很不符合。

22、我不論做什麼事，對自己和別人都提出時間要求。

23、我盡可能早地終止那些毫無收益的活動。

24、我儘量減少一些「等候時間」。如果不得不等的話，

我把它看做是「贈予時間」，用來休息或做一點別的什麼事情。

25、我把所有的瑣事積存起來，每月抽出幾個小時一起處理。

26、我把上班時間的閒聊減少到最低程度。

27、我試圖每天探索一種能幫我節省時間的竅門。

28、我做事講究找竅門，而不是一味蠻幹。

29、我一次只集中力量做一件事。

30、我把每天要辦的事按輕重緩急列出單子，並儘量把重要的事情早點辦完。

31、當我連續辦完了幾件事，我會給自己休息時間和特別報酬。

32、我會騰出足夠的時間，特別處理最急迫的事情。

33、我保持桌面整潔，並把處置的文件放在桌子正中。

▫ 評分標準

第1～12題，在上述12題中，每回答一個「A」得5分，回答「B」得3分，回答「C」得2分，回答「D」得1分，回答「E」得0分。

第13～21題，結合所選答案，按照以下評分標準，計算出自己的得分。（如右上圖）

題號	13	14	15	16	17	18	19	20	21
A	3	3	3	6	3	6	3	3	3
B	0	6	0	0	6	0	6	0	0
C	6	0	6	3	0	3	0	6	6

第22～33題，每回答一個「A」得5分，回答「B」得3分，回答「C」得2分，回答「D」得1分，回答「E」得0分。最後把三部分的得分相加得到最後的總分。

測試結果

0～114分：你的工作效能為「差」

你隨時有丟掉工作的危險，你現在所追求的不應該是什麼高尚的理想、遠大的目標，而應是腳踏實地地前行，讓自己遠離疏懶，前面兩者就是你最好的學習榜樣。

115～144分：你的工作效能為「良」

你知道工作效能的重要性，但還不夠，你的工作效能雖不至於扯你的後腿，但也不會是促使你成功的動力。

145～174分：你的工作效能為「優」

你有較強的執行力，工作積極主動，你更懂得如何珍惜時間，你對工作充滿熱忱，這些都會是促使你成功的重要因素，只要保持這些良好的習慣，成功就會離你很近。

你的能力和適合的職業

每個人都有自己的能力特長和性格特點，只有找到與自身特點相適應的職業平臺才能最大化地發揮自己的潛力和價值。想知道你適合哪一類型的職業嗎？快來進行下面的測試。

▫ 開始測試

1、幾個朋友一起去野外郊遊，每人負責準備一些物品，你想負責什麼呢？

A、餅乾

B、水果

C、飲料

D、紫菜飯糰

2、當你聽到「文具」這個詞時，最先浮現在腦海中的是：

A、筆記本

B、橡皮擦

C、剪刀

D、鉛筆

3、讓你選擇要住的房子，除了房租之外你最看重的是：

A、是否是新房子

B、是否安靜

C、前景好不好

D、交通是否便利

4、你房間裡的ＣＤ是以哪種方式擺放的？

A、按買的先後順序

B、按歌星

C、喜歡聽的另外擺放

D、按我自己的分類來放

5、說到「可憐的花」，你想到的是下面哪一種？

A、雛菊

B、燕子花

C、百合

D、滿天星

6、在夢中，你變成了動物，是哪種動物呢？

A、松鼠

B、貓頭鷹

C、海豚

D、馬

7、你的郵筒中收到一張明信片，會是哪種卡片呢？

A、美術卡片

B、風景照卡片

C、自己製作的卡片

D、名畫卡片

8、提起「廚房裡的東西」，你最先想到的是：

A、平底鍋

B、冰箱

C、開水壺

D、切菜板

9、假如在遊藝室玩遊戲，你會玩：

A、射擊遊戲

B、抓田鼠

C、賽車

D、戰鬥機遊戲

10、聽到「愛情」，你聯想到的詞是哪個？

A、 戀人

B、永遠

C、光芒

D、信任

你不該只有如此
測試自我能力的成功遊戲心理學

You Are More
Than This

▫ 評分標準

你所選擇的答案中，A～D哪一個最多，就是你所屬的類型。如果出現了一樣多的情況，那麼那幾種情況對你都適用。

▫ 測試結果

選A：性格明朗的能力型

你對初次見面的人也能以愉快的笑容相待，很容易使人打開心扉。在需要接觸很多人的工作或服務業中可以發揮你的能力。

選B：堅韌不拔的能力型

即使是曾想中途放棄的事，你也會咬著牙做下去。因此，在精密作業或完成任務需要很長時間的職業中，可以發揮你的能力。

選C：有創意的能力型

你不為常識所束縛，常常有獨特的想法。你個性強，常有好的創意，從事自由職業最能發揮你的能力。

選D：冷靜踏實的能力型

你的優點是即使遇到困難也絕不逃避。你具有領導周圍的人努力獲取最大成果的能力，所以在需要領導才能的職業中你的能力能得到最好的發揮。

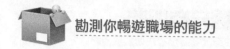 你患上職業倦怠症了嗎？

想要瞭解自己是否已經患上了職業倦怠症嗎？職業規劃專家專門設計了一套職業倦怠測試，能幫助你瞭解自己的「倦怠狀況」。請不要猶豫，看懂題意後馬上作答，然後計分。

▫ 開始測試

1、你是否在工作上碰到一些麻煩事時急躁、易怒，甚至情緒失控？

　A、經常

　B、有時候會

　C、從來不會

2、你是否覺得自己的工作不斷重複而且單調乏味？

　A、經常

　B、有時候會

　C、從來不會

3、你有沒有覺得公司待遇不公，常常有受委屈的感覺？

　A、經常

　B、有時候會

C、從來不會

4、你是否感覺工作負擔過重，常常感覺難以承受，或有喘不過氣來的感覺？

A、經常

B、有時候會

C、從來不會

5、你是否經常在工作時感到困倦疲乏，想睡覺，做什麼事都無精打采？

A、經常

B、有時候會

C、從來不會

6、你是否在進餐時感覺沒食欲，嘴巴發苦，對美食也失去興趣？

A、經常

B、有時候會

C、從來不會

7、你是否會覺得工作上常常發生與上層不和的情況？

A、經常

B、有時候會

C、從來不會

勘測你暢遊職場的能力

8、你是否感覺缺乏工作自主性，往往老闆要你做什麼就做什麼？

A、經常

B、有時候會

C、從來不會

9、你是否對別人的指責無能為力、無動於衷或者消極抵抗？

A、經常

B、有時候會

C、從來不會

10、你是否以前都很上進，而現在卻一心夢想著去度假？

A、經常

B、有時候會

C、從來不會

11、你是否覺得自己和同事相處不好，有各種各樣的隔閡存在？

A、經常

B、有時候會

C、從來不會

12、你是否認為自己基本上待遇微薄，付出沒有得到應有的回報？

你不該只有如此
測試自我能力的成功遊戲心理學

A、經常

B、有時候會

C、從來不會

▫ 評分標準

選A得5分，選B得3分，選C得1分。

▫ 測試結果

12～20分：

很幸運，你還沒有患上職業倦怠症，你的工作狀態不錯，繼續努力哦。

21～40分：

你已經開始出現了職業倦怠症的前期症狀，要警惕，請儘快調整，你需要為自己的職業狀況進行反思和規劃，以提升你的職業競爭力。

41～60分：

你很危險，你對現在的工作幾乎已經失去興趣和信心，工作狀態很不佳，長久下來極不利於個人的職業發展，最好儘快向職業規劃方面的專家求助。

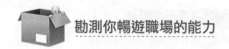

勘測你暢遊職場的能力

你是哪種類型的上班族

你在工作中的表現怎樣呢？是乾淨俐落型，還是謹慎小心型，或是淡泊名利型？做完下面的測試就知道答案了。

▫ 開始測試

1、如果現在你的髮型是長直髮，正打算改變一下髮型，你會選擇什麼髮型？

A、直短髮→第四題

B、燙長卷髮→第二題

2、你上班用哪一種包？

A、手提包→第三題

B、後背或側背包→第五題

3、你喜歡哪一種類型的襯衫？

A、素色襯衫→第六題

B、花樣襯衫→第七題

4、第一天到新公司上班，你會穿什麼顏色的外套？

A、深藍色→第五題

B、灰色→第六題

5、你上班穿的鞋子大多是什麼款式？

A、高跟鞋→第八題

B、低跟或平底鞋→第六題

6、第一次領薪水想買件衣服犒賞自己，你會買什麼衣服？

A、短裙的套裝→第九題

B、長裙的套裝→第七題

7、穿深藍色的套裝時，你會穿什麼顏色的絲襪？

A、象牙白或白色→第八題

B、膚色或棕色系→第十題

8、深藍色外套配白色襯衫，你會佩戴什麼飾品？

A、珍珠項鍊→第十題

B、別針→第十三題

9、穿深藍色夾克，你會配什麼衣服？

A、圓領棉質T恤→第十題

B、襯衫→第十一題

10、一個月你會花多少置裝費及美容保養費？

A、5000元以下→第十二題

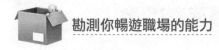

B、5000元以上→第十四題

11、上班時你化妝嗎？

A、全套彩妝→第十二題

B、只擦口紅→第十五題

12、你的血型是 B 型嗎？

A、是→第十四題

B、不是→第十三題

13、你會帶什麼便當上班？

A、三明治、麵包→第十六題

B、中式一般飯菜→第十五題

14、坐在上司前的椅子時，你的姿勢是什麼？

A、兩腿在中間併攏→第十六題

B、兩腿斜向一邊併攏→C型

15、你喜歡戴哪一類型的耳環？

A、大一點→第十六題

B、小一點→D型

16、疲倦時，你會吃什麼？

A、糖果→A型

B、嚼口香糖→B型

測試結果

A型：乾淨俐落、衝鋒陷陣型

你是個不服輸、急性子的人，所以凡事都很積極，給人相當強勢、企圖心強的感覺。由於不是每個人都能跟得上你的步調，所以很容易帶給別人很大的壓力與威脅，因此常遭人嫉妒與排斥，人緣並不太好。但你在上司眼中你是個很值得信賴的部屬，對你可說是特別賞識，所以升官的機會比別人多。

此類型的人多屬少年得志型，但千萬要注意人際關係方面的問題，因為這個時代做人比做事來得重要，不要志得意滿而忽略了謙虛的重要性，人脈、人緣對你有意想不到的幫助喔！

B型：行事謹慎、按部就班型

你給人一種冷靜、講理的感覺，遇到事情不會驚慌失措，可以在分析判斷情況後，想出一些解決方案，因此周遭的人很信賴你，有困難時很容易就來求助於你，所以是大家的「大姐大」、「和事佬」，在公司人緣相當不錯，只是時間都分給別人時，自己就剩下很少了。

你對自己的人生有一套理論與規劃，然後一步步地去實現它。對自己的工作也是一樣，會設定短期目標與長期目標，所以比一般同年齡的人來得成熟、有成就。可是有時候過於講原

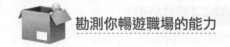

則、不知變通，會讓別人受不了你，需知「擇善固執」是相當重要的！

C型：好好小姐/先生、畏畏縮縮型

你是個相當不喜歡與他人發生衝突、摩擦的人，所以凡事都以息事寧人的態度處理。從好的角度來看，你是個相當隨和的人；從壞的角度來看，則是一個沒主見、逃避的人，為了不得罪別人，對別人的要求照單全收，這樣只會苦了自己且讓別人看不起。如果你是主管級人物，則在部屬眼中是個畏畏縮縮的人，沒有人會聽你的！該說的時候就說，不要怕與別人發生不愉快，只要是對的、有理的事就應該據理力爭，「息事寧人」絕不是解決事情的有效方法。

D型：與世無爭、淡泊名利型

你是個相當有個性而淡泊的人，名利對你而言根本不重要，或許是你本來就對這些沒興趣，也可能這些你已經都具有了，所以就算得到了也沒什麼特別感覺。別人對你可說是最不防備了，如果公司有派系時，你一定是中間派系，大家都想拉攏你，但你並不會去介入這些紛爭。不過有時你雖然想與世無爭，可是人在江湖身不由己，還是會被扯入一些是非中，此時你可就不能置身事外，應當即時反擊，不然會一發不可收拾。

你不該只有如此
測試自我能力的成功遊戲心理學

You Are More
Than This

你瞭解自己的職場性格嗎？

俗話說，性格決定一切。在如今的職場上，個人的「職場性格」因素的確非常重要，決定著你的職場表現，影響著上司對你的看法，左右著你的職業發展。因此，瞭解自己的「職場性格」，並對症下藥，進行適當的調整，將有助於你更好地把握職場機遇。

▫ 開始測試

1、聽說難得一見的流星雨要來了，你的反應是：

A、沒有興趣，連相關新聞都懶得看

B、有點好奇，但看看新聞轉播就滿足了

C、是追星一族，當然要留下珍貴的回憶

2、你平時多久去逛一次百貨公司？

A、好像有好幾年沒去了

B、不會主動去，路上經過時會進去看看

C、閒著沒事就可能會去那裡逛逛

3、你對音樂的態度如何？

A、只喜歡聽某一類音樂

B、憑感覺，有些歌一聽就會馬上喜歡

C、很多歌都要聽幾遍之後才會喜歡

4、你對常用的交通工具有上鎖的習慣嗎？

A、會加上好幾道鎖，擔心治安不好

B、會另外加裝一道安全鎖，求個心安

C、只用基本配鎖，覺得自己不會那麼倒楣

5、你閒來無事時會出去散步嗎？

A、會的，不過多半在附近繞圈子

B、會跑去比較遠、平常較少去的地方

C、喜歡跑到從來沒去過的地方冒險

6、你平均每天到工作地點的時間約需多久？

A、十分鐘以內

B、10～30分鐘左右

C、超過半小時

7、你一早起來是否會有不去公司的想法？

A、難免，但次數不太多

B、次數算算還不少，跟心情好壞有很大的關係

C、只有陰雨天才會不想去公司

8、你平常是否有飼養寵物的習慣？

A、我超級喜歡小動物

B、我喜歡養寵物，只是牠們一些小毛病會讓我覺得麻煩

C、我很少或從來沒養過寵物

9、如果可以在經貿大廈租個樓層來工作，你會選擇：

A、50層，沒人打擾，而且視野不錯

B、當然是最高層，喜歡站在最高點的感覺

C、一樓，進出會比較方便

10、你洗澡時通常從哪個地方開始塗肥皂？

Ａ、 先洗臉

Ｂ、 從胸部開始

Ｃ、 從個人私密處開始

□ 評分標準

選擇Ａ計1分，選Ｂ計3分，選Ｃ計5分，最後匯總分數。

□ 測試結果

10～19分：真材實料型

你的開拓能力及創新能力不足，適合你的工作並不多，但你有高度的責任心，一旦決定了做某項工作，你會全力以赴將之做到最好。工作中的你熱情專注，是個盡職的員工或老闆。因此，只要執著地做事，對自己喜歡的專業深入研究，成功就會屬於你。建議你，除了工作之外也要多出去走走，加強人際交往。

20～29分：老謀深算型

你很懂得謀略，知道如何避重就輕，懂得包裝自己的外在形象來掩飾工作上的一些小缺陷。廣結人脈是你在工作環境中

 **勘測你暢遊職場的能力**

如魚得水的一大因素，擁有這樣的性格在職場很吃得開，與同事關係融洽對晉升有很大幫助。當然，工作還要出色有成績，老闆才會更加欣賞你。除了打工外，你也很適合自己做生意，在你的精心掌控下，一切都會朝著你期望的方向發展。

30～39分：脫穎而出型

你很有自己的想法，也喜歡提出自己的意見，只是總沒辦法引起共鳴，常常差了臨門一腳，自己卻不知道問題到底出在哪裡。其實，你欠缺的只是神來一筆的啟發而已。繼續發揮自己的創意，並努力付諸實踐，平時多做些「功課」，打好功底，相信好的運氣就會來臨。

40～50分：創意天才型

你的專業能力或許有些欠缺，可是你的創意能力卻十分出色。你能勝任自己的工作，但總覺得這份工作不能很好地發揮自己的才能，所以總是在不停地尋找機會。你非常適合從事藝術類或設計類工作，關鍵要善加利用自己的長處。固定模式的工作類型並不適合你，你可以嘗試再找一份兼職，以便最大限度地發揮自己的才能。

跳槽理由大現形

在這景氣不佳的年頭，作為上班族的你，是否也感受到了這股沉重的壓力？來看看你想換工作的原因。

開始測試

閉上眼睛，假裝你在馬路上，你第一眼看到的會是什麼建築物？

A、醫院

B、博物館

C、便利商店

D、飯店

E、公寓

測試結果

選A：

你的工作很繁重，加班後回家還要熬夜，身心雙重疲倦。對工作覺得無力、忙得累得不行的你，為了身體著想，當然要用最後一點力氣，先逃為快！

選B：

老闆和同事都不是你想跳槽的理由，但是你還是不滿足，因為時時追求新知的你，覺得在公司該學的都學到了，老是在原地踏步很沒意思，你渴望有機會能再進修充電。

選C：

或許你對公司有一籮筐的不滿意，但是最讓你抓狂的是，薪水真的太少了，根本不夠你花，你覺得公司付給你的微薄薪水，難以養家糊口。

選D：

你覺得老闆或同事不夠重視你，而且還常常傷害你的自尊，你希望受到老闆和同事的尊重。你實在厭倦公司應酬式的人際關係，很想辭職不幹了，回家做自己的老闆！

選E：

一成不變的工作內容，讓你覺得喪失自我，無法發揮個人的創意，這才是你想換工作的最主要的原因。

你不該只有如此
……………………
測試自我能力的成功遊戲心理學

You Are More Than This

你的競爭意識如何

> 當今社會，競爭無所不在。學校職場，甚至在一個大家庭裡，你都要面對各種各樣的競爭。身處這樣一個大環境下，你的競爭意識如何？你做好競爭的準備了嗎？你的競爭指數有多高？測試一下便可知。

▫ 開始測試

下列每題都有五個選項：A 完全不是；B 不太一樣；C 一般；D 很像；E 完全一樣，並對應相應分值。

請選擇你認為最適當的答案，或以假如你遇到相應情形時可能發生的情況來選擇。

1、看到別人開好車，會令我想超越對方，買輛更好的車。

2、我喜歡和大家一起工作，可以互相幫助。

3、看到老朋友比我成功，會激勵我更加努力。

4、我總是想比同事穿戴得更好。

5、有人向我提問時，即使不懂也要裝懂。

6、我不會拿自己和別人相比來衡量是否成功。

7、對於我瞭解的事，最討厭有人不懂裝懂，在我面前班門弄斧。

8、我不希望與比我強的人一起共事。

9、我最討厭聽人說：凡事不必太要強，不要凡事都爭出風頭。

10、我最得意的是，有個吸引眾多同事眼光的異性與我關係密切。

11、如果能受到特別的肯定，我很樂意做個工作狂。

12、我認為比我成功的人不會事事都稱心如意，所以不以為然。

13、當事情變得棘手時，我會考慮是否值得爭強好勝。

14、即使周遭的人都想求表現，我也覺得做好本份工作就可以了。

15、人生中有太多比爭強好勝更重要的事情。

16、如果覺得不可能獲勝，我會選擇放棄參與。

17、我不認同把別人踩在腳下而獲得成功的做法。

評分標準

選 A 記 5 分，選 B 記 4 分，選 C 記 3 分，選 D 記 2 分，選 E 記 1 分。

測試結果

17～35 分：

你的職場競爭心不強，並強烈地害怕失敗，這種害怕和伴

隨而來的焦慮，很可能就是你不願競爭的原因，也將成為你職業發展的最大障礙。建議你放開手腳，從實現眼前的小目標開始，一步步達到最後的成功。

36～49分：

你覺得參與競爭太辛苦，所以盡可能地避免職業上的競爭。這只是你的惰性，你應該把自己的競爭優勢列出來，仔細分析是否有實力參與競爭。你會發現，自己還是有潛能的。

50～65分：

你在職場上不會事事與人競爭，通常視情況而決定是否參與競爭。如果成功足以吸引你，如報酬、獎賞、榮譽等，會增加你的競爭性。參與競爭的原因並不重要，關鍵在於你如何把握，凡事不要太過急功近利。

66～78分：

你性格開朗、見解獨特、好勝心強，喜歡受人關注，喜歡追求成功。對你而言，競爭是一種生活態度，因此，你通常很注意自我形象，有堅定的信心，也願意為成功而努力，而且成功率頗高。

79～85分：

你是競爭愛好者，對你來說，競爭的過程比贏得勝利更為重要。這種好鬥的性格，雖然能使你在職場競爭中獲得強大的動力，但也容易因此沒有朋友和同伴。

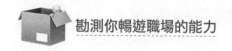

測試你的職場成熟度

現代職場可謂變幻莫測，困惑多多，只有具備了相當的職場知識和經驗，才能在職場中如魚得水，職場中的你成功掌握職道了嗎？

▫ 開始測試

你在一家很大的金融公司工作。一天老闆草擬了一份兩頁長的計畫書，可是你認為這個計畫很有可能增加成本，或者會引起客戶和員工不滿，總之不切實際，而且無法實施。你會怎樣處理這件事情呢？

A、採取迂迴的方式告訴老闆自己對於計畫書的看法，最終的決策還是由老闆做。

B、暫時拋開自己的想法，按照老闆的計畫書執行，等到出現問題後再提出自己的想法和建議。

C、第二天早上，去老闆的辦公室，告訴他這個計畫書不切實際，無法執行。

測試結果

選A：

看來你已經是職場大蝦了。你非常懂得用婉轉的方式向你的上司闡述你的觀點。你深知，如何在照顧老闆面子和實現自我價值上取得完美的平衡。相信你的職業道路也會走得比其他人都要輕鬆、順暢。

選B：

你已經在職場中有所歷練了，但是，這樣的做法不是最好的選擇。要知道，老闆不喜歡那些當面質疑他權威的人，但是也同樣不喜歡自己的下屬老是以一副「事後諸葛亮」的形象出現。如果真的有更好的想法，建議你在仔細想清楚以後，用一種婉轉的方式向老闆提出來。這樣不僅照顧到了老闆的面子，還讓自己的想法得以實現，而且會讓老闆覺得你確實是在為公司的利益考慮，相信以後也會更加重用你的。

選C：

你的職場成熟度看來不是很高啊！你的舉動在一開始就讓老闆有了防備之心。實際上，還會讓老闆感覺到你似乎不夠資格管理這一切。給你的職場小建議是：當你對老闆的決定有不同意見時，不要直接說出你不同意老闆的意見，這種表現會讓老闆覺得你在質疑他的權威，本來你是好心建議，最後反而會使自己處於尷尬的位置。

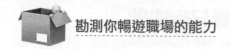

你有哪些升職優勢

其實每個人在職場上都有別人無法比擬的優勢，只是在許多情況下連自己都不知道。想知道自己身上潛在的升職優勢嗎？那就趕緊進行下面的測試吧！

▫ 開始測試

深夜由車站步行二十分鐘才回到家，門已鎖，家人都已經沉睡，怎麼都無法吵醒他們，但二樓燈還亮著，你會怎麼做？

A、到附近的店坐坐，再打電話，如果不行就坐到天亮

B、弄壞門或窗的鎖，或用鐵絲想辦法開門

C、脫下鞋子丟向二樓

D、回到車站打電話

▫ 測試結果

選A：

你是運動型，把經營事業看做賭博或運動，重視新點子，偶爾冒險。

選B：

你是具有一技之長型，有專業知識，可提升素質，努力強化自己的專業技術，在各行各業中出人頭地，你是個有技藝在身的人。

選C：

你是挑戰勇士型，將社會或工作場所視為爭奪勝負的地方。創業型經營者多屬此型。

選D：

你是企業人才型，你很重視人際關係與團體工作，認為應與之共存共榮。

勘測你暢遊職場的能力

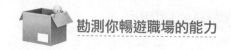 # 你是讓老闆加薪的高手嗎？

或許你在自己的工作崗位上已經做出了一些成績，或許你在過去的一年裡又透過努力學習而提升了自己的能力，可是老闆卻還是遲遲不提讓你加薪的事情，難道自己在其他方面有問題嗎？其實，職場中要想得到老闆的器重，成為讓老闆加薪的高手，還需要一定的策略，這種策略你具備了嗎？

▫ 開始測試

被繁重不堪的工作或學習壓得喘不過氣嗎？如果有方法讓你突然從現實消失一陣子，你會想躲到哪裡？

A、鄉間

B、太空

C、海邊

D、高山

▫ 測試結果

選A：

你是個拼命三郎，其實平常老闆一定也知道你是埋頭苦幹

你不該只有如此
測試自我能力的成功遊戲心理學

型的員工,只是由於你不太會主動表現,加薪名單中可能會不小心遺漏了你或是加薪幅度不大。建議你勤奮要用在刀刃上,偶爾略施小計,多和老闆聊聊,好處會更多!

選 B:

你工作表現落差太大,有時會受到心情或是興趣的影響,因此老闆會覺得很難評價你工作能力的好壞,所以你最好多多培養你的第二專長或是和同事們建立更密切的互動,讓老闆對你產生信賴感,如此才能促使公司加薪留住你。

選 C:

你是個機靈、腦筋動得快的創意高手,在生活上或工作上,會時刻表現出你快人快語、聰明機智的一面,所以想讓老闆為你加薪,就得找機會展示你反應快人一等的一面,讓老闆意識到,這樣要求加薪就不難了。

選 D:

你擁有遠大的志向,而且你認為每份工作都只是要完成你那個夢想的過程之一,所以對於薪水多寡,你並不是很在意,不過,沒有錢什麼都做不成。建議你最好先把理想放心裡,多向老闆討教,日後受重用時,好處可超乎你的想像。

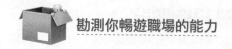

最近你會不會被炒魷魚

本想不再跳槽，就在這家公司好好幹下去了，可是沒有想到還要在擔心受怕中過日子，因為公司裁員的警報已響起，據說還列出了裁員的「黑名單」，大家都面臨裁員的危險，在沒有正式公佈之前，人人自危。其實，聰明人能夠及早發現職場中的「紅燈」，想一想這類問題，以防你離開的時間比你預期的要來得早；應當機立斷，早做安排。請做下面的測試，看一下你被公司淘汰的危險指數，只對每題回答「是」或「否」即可。

▫ 開始測試

1、你的能力使你成為工作崗位中「非你莫屬」的人物？

2、你是有敬業精神，認真工作的人嗎？

3、你和你的工作團隊相處融洽嗎？

4、你的老闆是個不愛挑剔的人，他（她）對你的態度很好嗎？

5、你與頂頭上司是否很合得來？

6、如果你以前一直被邀請參加重大決策的討論，而現在還被邀請嗎？

7、你的上司做決策時，會再徵詢你的意見嗎？

8、你公司培養你擔任一個更好的職務,並告知你是下個人選,而他們最終選用擔任這個職務的人還是你嗎?

9、你仔細想想,最近管理層是否發生了人事變動?你屬於新管理層想任用的自己人嗎?

10、你的老闆告訴職員說,他歡迎大家提意見。但是,他對你的建議是否持歡迎態度?

11、好差事總是分配給其他的人,每次有挑戰性的任務,明明你是專業人選,上頭總是分派給別人,而是讓你在部門當中擔任低級別的工作嗎?

12、管理層的每個人都沒有向你透露消息,但他們看見你的時候是否有點神祕兮兮,甚至繞路而行?

13、以前,你總因為出色的工作受到表揚,而現在,每當你完成一個項目,是否會被告知沒有達到預期效果?

14、你對工作不再充滿樂趣,向別人透露過嗎?

15、你是否屬於上班偷偷聊天,經常愛請假的人?

16、公司裡,你是否屬於那種「只是低頭拉車,而不抬頭看路」的人?

17、你是個精英,周圍嫉妒你的人不少,其中有和管理層相處甚密的人嗎?

18、你是否不停地提出對本部門的改進意見,結果卻都石沉大海?

19、公司調整工資,你覺得自己業績不錯,但是卻沒給你加薪,你為此曾發過牢騷嗎?

20、你的辦公室裡,有專門挖洞給同事跳的辦公室小人嗎?

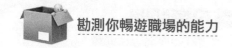

勘測你暢遊職場的能力

□ 評分標準

　　1～10題答「是」得1分，答「否」得0分；11～20題答「是」得0分，答「否」得1分。然後將總分統計出來。

□ 測試結果

0～7分：

　　說明你已經沒有任何挽回的餘地，就等著被「炒魷魚」吧！未雨綢繆是你明智的選擇，但是你不改正自己的問題，那就很危險了。

8～14分：

　　說明你在模棱兩可之間，也有危險，也許透過爭取，有留下來的餘地，但是你要很好地反思，吸取教訓，及早處理好工作中對你不利的問題。

15～20分：

　　說明你暫時還沒有危險，但是面對風雲變化的職場，你也不要掉以輕心，要提高自己的工作能力並坐穩眼前的位置，金飯碗抓住了才是你的。

你是忠心耿耿的員工嗎？

你對目前的工作是「忠心耿耿」，還是「身在曹營心在漢」，抑或是「騎驢找馬」、「朝三暮四」？這個測試就是用來診斷你的忠誠度的。請分別從Ａ、Ｂ、Ｃ、Ｄ四個選項中選擇一個適合你的答案。

□ 開始測試

1、在《哆啦Ａ夢》的各個角色中，你不太喜歡的是下列這四個人中的哪一個？

A、大雄

B、胖虎

C、小夫

D、靜香

2、你進入公司已經好幾年了。現在的你，對工作是怎樣的一種態度呢？

A、「很討厭加班！」

B、「想更進一步提高自己的業績！」

C、「還不快點加薪！」

D、「希望自己的人際關係更好一點！」

3、下面幾條諺語中，跟你談戀愛的宗旨最相符合的是哪

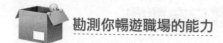

一個？

　　A、「去者不追」

　　B、「緣分天註定」

　　C、「距離產生美」

　　D、「只要付出就有收穫」

　　4、與「撒謊」有關的說法有很多，當聽到「撒謊」這個詞時，你能聯想起來的話是哪一個呢？

　　A、說謊有時也是一種權宜之計

　　B、說謊是墮落的開始

　　C、信口雌黃，謊話連篇

　　D、弄假成真

　　5、你被委任一項工作，且需要你來負責。你向前輩請求幫忙，結果工作還是失敗了。你跟上司道歉說：「是我的不對。」那麼在向上司道歉的同時，你對你的前輩會是什麼態度呢？

　　A、是共同的責任，讓前輩和自己一起向上司道歉

　　B、沉默，什麼都不說

　　C、前輩已經給了我很多幫助，責任在我自己

　　D、向上司控訴，前輩所教的方法不好

　　6、一天，你跟戀人約會。戀人最近工作很忙，臉上帶著疲憊神色。你對這樣的他，會抱持什麼樣的態度呢？

　　A、想讓他振作起來，帶著他去各個遊樂場所玩玩

　　B、生氣道：「好不容易有一次約會，不要帶著一副疲憊的樣子來！」

　　C、選擇去喝茶等比較放鬆的活動，一邊擔心著戀人，一

邊繼續約會

　　D、很不放心戀人，對他說道：「你看起來很疲憊，今天還是早點回去吧！」

▫ 評分標準

題號	1	2	3	4	5	6
A	2	2	2	4	4	2
B	4	4	3	3	3	1
C	3	1	4	2	2	3
D	1	3	1	1	1	4

▫ 測試結果

6、7分以下：

　　你拼命工作與其說是為了公司，不如說是為了提高自己的工作技能，你的忠誠度相當低。你似乎一點都沒有想要去為公司做點什麼。雖然你也會扎扎實實地把工作做好，但是說穿了，你只是為了提高自己的工作技能而已。你大概是把目前的工作當做一種鍛鍊吧？一旦本領修成，你就會另謀高就。另外，這一類型的人會把工作時間和私人時間分得很清楚，絕不讓工作佔據個人的休閒生活，是很會享受人生的人。

8～14分：

一旦犯了錯誤或被上司斥責，你對公司的忠誠度馬上就會變得很低。你的忠誠度是隨著你的心情時高時低地變化的。如果你能很順利地完成工作，被上司或者前輩褒獎的時候，你就會想著要為了公司努力工作；但一旦犯了錯誤，被上司斥責時，就會想：「我可是在為公司不停努力工作著！這樣努力也得不到肯定，實在不值得為他效力！」這樣的心情誰都可能有，但一定不要非常露骨地將這種心情直接表現出來。

15～20分：

你的忠誠度很高，但容易意氣用事，這會影響你對公司的忠誠度。你不僅希望自己能夠出人頭地，也期待公司能夠不斷發展壯大。像你這樣的人，如果跟上司關係不錯，就能夠將工作做得很好。可如果你與上司不合，即使只是稍稍對上司有了一點反感，你也很可能輕易就將工作辭掉。可以說，一時的意氣用事，很可能影響你的忠誠度。試著跟上司好好溝通，不要輕易就放棄一份有前途的工作。

21～24分：

你對待工作有強烈的責任感，對自己效勞的公司也有很高的忠誠度。你的忠誠度非常高，不僅僅對自己的本職工作很負責，對公司的發展也很用心，毫無保留地為公司獻計獻策，有你這樣的員工，可以說是老闆的福氣。因此你的上司和前輩似乎也很放心將一些大的案件交由你去處理。此外，對待同事你也能夠做到寬厚和體諒，所以在公司裡你的人緣很好，從上司到同事都很欣賞你，對你寄予厚望。

大大的享受拓展視野的好選擇

永續圖書線上購物網
www.foreverbooks.com.tw

謝謝您購買　你不該只有如此：測試自我能力的成功遊戲心理學　這本書！

即日起，詳細填寫本卡各欄，對折免貼郵票寄回，我們每月將抽出一百名回函讀者寄出精美禮物，並享有生日當月購書優惠！

想知道更多更即時的消息，歡迎加入"永續圖書粉絲團"

您也可以利用以下傳真或是掃描圖檔寄回本公司信箱，謝謝。

傳真電話：（02）8647-3660　　　　　　　信箱：yungjiuh@ms45.hinet.net

☺ 姓名：＿＿＿＿＿＿＿＿　□男 □女　　□單身 □已婚

☺ 生日：＿＿＿＿＿＿＿＿　□非會員　　□已是會員

☺ E-Mail：＿＿＿＿＿＿＿　電話：（　）＿＿＿＿＿

☺ 地址：＿＿＿＿＿＿＿＿＿＿＿＿＿＿＿＿＿＿＿

☺ 學歷：□高中及以下　□專科或大學　□研究所以上　□其他＿＿

☺ 職業：□學生　□資訊　□製造　□行銷　□服務　□金融

　　　　□傳播　□公教　□軍警　□自由　□家管　□其他＿＿＿

☺ 您購買此書的原因：□書名　□作者　□內容　□封面　□其他＿＿＿

☺ 您購買此書地點：＿＿＿＿＿＿＿＿　金額：＿＿＿＿＿

☺ 建議改進：□內容　□封面　□版面設計　□其他＿＿＿＿＿

　　您的建議：＿＿＿＿＿＿＿＿＿＿＿＿＿＿＿＿＿＿＿

　　＿＿＿＿＿＿＿＿＿＿＿＿＿＿＿＿＿＿＿＿＿＿＿＿＿